陶瓷产业集群与区域发展系列丛书

U0682712

陶瓷产业集群
与区域经济空间耦合研究

RESEARCH ON THE COUPLING OF CERAMIC INDUSTRIAL
CLUSTERS AND REGIONAL ECONOMIC SPACE

章立东 ◎ 著

经济管理出版社
ECONOMY & MANAGEMENT PUBLISHING HOUSE

图书在版编目（CIP）数据

陶瓷产业集群与区域经济空间耦合研究/章立东著 . —北京：经济管理出版社，2016. 12
ISBN 978 - 7 - 5096 - 4888 - 9

Ⅰ. ①陶⋯　Ⅱ. ①章⋯　Ⅲ. ①陶瓷工业—产业发展—关系—区域经济发展—研究—中国
Ⅳ. ①F426. 71

中国版本图书馆 CIP 数据核字（2016）第 320607 号

组稿编辑：杜　菲
责任编辑：杜　菲
责任印制：司东翔
责任校对：董杉珊

出版发行：经济管理出版社
　　　　　（北京市海淀区北蜂窝 8 号中雅大厦 A 座 11 层　100038）
网　　　址：www. E - mp. com. cn
电　　　话：（010）51915602
印　　　刷：北京虎彩文化传播有限公司
经　　　销：新华书店
开　　　本：720mm×1000mm/16
印　　　张：10
字　　　数：168 千字
版　　　次：2019 年 1 月第 1 版　　2019 年 1 月第 1 次印刷
书　　　号：ISBN 978 - 7 - 5096 - 4888 - 9
定　　　价：68. 00 元

前　言

十八大以来，"一带一路"倡议的提出给陶瓷产业及以其为支柱产业的区域提供了新的发展契机。此外，随着时代的发展，各种产业圈如雨后春笋般破土而出，引发了学术界和实务界对产业集群理论的广泛关注，关于陶瓷产业集群的研究也如火如荼地展开。产业集群与区域经济空间的耦合协调发展，不仅可以促进产业集群的可持续发展，还可以进一步带动以其为主导产业的区域经济的整体进步。基于此，本书结合时代背景，以我国陶瓷产业集群与区域经济空间的耦合机理为主要研究内容，以期为我国陶瓷产业和区域经济的协调发展提供可行性建议。研究成果如下：

第一，辨析了产业集群的概念，指出产业集群是由于功能相近或相联的同行业的公司或机构在地理位置上相互趋近的现象；归纳得出产业集群的特征；探析了影响产业集群形成的因素。

第二，对产业集群与区域经济空间的相关理论进行梳理，重点围绕古典经济学、新古典经济学、传统与现代经济地理学与竞争战略簇群理论，以进一步分析产业集群的成因和基本特征，并得出产业集群、区域经济空间的基本定义等。

第三，从耦合含义、耦合内容和耦合机理三个层面系统论述产业集群与区域经济空间的耦合。在此基础上，从协作效应、创新效应与制度效应等方面深入剖析该耦合对区域经济竞争力的影响。

第四，对陶瓷及陶瓷产业进行概述。明确了陶瓷及陶瓷产业定义，在此基础上比较得出我国陶瓷产业的竞争优势与发展掣肘，再结合陶瓷相关经济数据，立足宏观背景指出国内陶瓷产业发展面临的机遇和挑战。

第五，分析我国陶瓷产业集群发展的相关情况。先分析了陶瓷产业的地区分布与现状，再对陶瓷产业集群的空间分布进行论述，并列举了广东佛山和山东淄博两个典型的陶瓷产业集群及其发展动向。

第六，对陶瓷产业集群现象进行识别。梳理了国内外产业集群理论研究的学术基础，重点介绍基于分工的关系契约理论、投入产出理论和区位商理论，考虑到我国陶瓷产业地域差异明显等特性，采用区位商对我国主要陶瓷产区进行识别，从动态层面展示了国内陶瓷产业集群概况和演进轨迹。进一步对各主要陶瓷产区的集群情况及其与区域发展的内在联系进行了分析，并针对目前陶瓷产业面临的发展瓶颈剖析了主观和客观两个层面的原因，尝试提出解决方法。结合前文对产业集群与区域经济空间耦合的理论分析发现，从理论层面和定性分析的角度来看，我国陶瓷产业集群与区域经济空间耦合欠佳，这正是阻碍陶瓷产业自身进步与整个价值链升级乃至整个区域经济腾飞的本质原因。因此，必须对陶瓷产业集群与区域经济空间耦合的情况进行科学客观的评价，才能提出可行性建议。

第七，构建了完整的陶瓷产业集群与区域经济空间综合评价指标体系。通过指标数值的标准化和权重的确定，对产业集群与区域经济空间进行评价。指标体系包含两个部分：一是代表陶瓷产业集群发展水平的陶瓷产业集群综合评价指标；二是代表区域经济空间综合发展水平的区域经济间评价指标。该评价体系从产业规模、集聚程度、创新能力和产出效率对产业集群指标进行细化；分别从区域经济空间的创新系统、经济规模、经济环境来对区域经济空间指标进行评价。考虑到所分析地区不同的经济发展特点、陶瓷产业发展情况以及数据的可获得性，对相关指标进行了调整，以增强陶瓷产业集群与区域经济空间耦合关系评价指标体系的适用性，为后续耦合关系评价做铺垫。

第八，从动态视角建立了耦合关系模型。在区域经济空间耦合评价指标体系研究的基础上，从耦合动态变化的角度，进一步建立陶瓷产业集群与区域经济空间耦合度模型以及耦合协调度模型，以此来判断我国陶瓷产业集群与区域经济发展的耦合关系，以便更好地寻找促进耦合效应发挥积极作用的对策。

最后，总结全文，提出分析结论与政策建议，同时结合研究过程中面临的实际困难与浅层发现，阐述研究的不足与展望，指出未来的研究方向。

目　录

第一章　绪论 ……………………………………………… 1

一、选题背景与选题意义 ………………………………… 1

二、国内外相关研究的文献回顾 ………………………… 11

三、研究思路与研究方法 ………………………………… 26

四、本文研究框架与主要研究内容 ……………………… 27

第二章　概念界定与理论基础 …………………………… 30

一、概念界定 ……………………………………………… 30

二、理论基础 ……………………………………………… 58

第三章　产业集群与区域经济空间耦合机制研究 ……… 62

一、产业集群与区域经济空间的耦合概述 ……………… 62

二、产业集群与区域经济空间的耦合机制 ……………… 67

三、产业集群与区域经济空间耦合机制的作用分析 …… 84

第四章　陶瓷与陶瓷产业概述 …………………………… 90

一、陶瓷的定义和分类 …………………………………… 90

二、我国陶瓷产业概述 …………………………………… 92

三、世界陶瓷产业发展简史 ……………………………… 105

第五章　我国陶瓷产业集群区域布局 ·············· 109

　　一、我国陶瓷产业集群地区分布 ················ 109

　　二、我国各类型陶瓷产业集群区域布局 ·········· 131

　　三、我国陶瓷产业集群区域布局动向和趋势 ······ 139

第六章　我国陶瓷产业集群识别的实证检验 ·········· 143

　　一、产业集群识别的理论基础 ················ 143

　　二、产业集群识别标准 ······················ 148

　　三、我国陶瓷产业集群现象的识别

　　　　——基于 LQ 系数分析 ···················· 150

第七章　我国陶瓷产业集群与区域经济空间综合评价 ···· 157

　　一、评价指标体系的构建 ···················· 157

　　二、评价指标的标准化及权重确定 ············ 161

　　三、陶瓷产业集群与区域经济空间评价 ·········· 165

第八章　陶瓷产业集群与区域经济空间的

　　　　耦合关系实证分析 ···················· 171

　　一、构建耦合模型 ·························· 171

　　二、陶瓷产业集群与区域经济空间耦合关系分析 ···· 175

第九章　结论与政策建议 ···················· 177

　　一、主要结论 ······························ 177

　　二、促进陶瓷产业集群与区域经济空间

　　　　耦合的政策建议 ························ 178

参考文献 ·································· 185

第一章　绪论

在历史的长河中，陶瓷是中华民族的符号，许多地区皆因瓷而兴，以瓷闻名。如千年瓷都江西景德镇、名瓷古城湖南醴陵、时尚都市广东佛山等。我国陶瓷产业的区域格局受起源地和原材料供应等历史与现实因素的影响，具有较强的路径依赖特点，长期发展后，我国陶瓷产业呈明显的集群分布。理论上，良好的产业集群形式可以充分调动当地的各项资源，促进区域经济的良性发展。事实却是我国陶瓷产业已经在国际竞争中渐渐显露出后劲不足的态势。本书以陶瓷产业集群与区域经济空间耦合为研究内容，探讨促进陶瓷产业链发展的可行性对策。本章包括选题背景及意义、文献综述、研究思路与框架等内容。

一、选题背景与选题意义

自古以来，我国自然资源丰富，幅员辽阔，为陶瓷产业的发展提供了良好的环境。当前，日用陶瓷行业已经形成多个产业集群，大型企业凸显区域龙头优势。在行业处于长期低迷的背景下，大型企业依靠产能、技术、成本和物流优势，进一步在所在区域增强自身竞争力，而中小型企业被迫淘汰。我国陶瓷产业区域集群化特征显著，主要产区各有特色。

从种类上看，陶瓷除了较常见的日用陶瓷、建筑卫生陶瓷以外，我国陶瓷产业形成了卫生陶瓷和园林艺术陶瓷等特色产业集群；从空间上看，我国陶瓷产地集中分布在山东淄博、广东佛山、广东潮州、河北唐山、四川夹江、福建德化、福建晋江、江西景德镇八大陶瓷产区。整体而言，主要的陶瓷集群应具备如下优势：人才优势、产品创新的优势、陶瓷企业的规模优势、完善的配套产业、物流和信息流通优势和环境优势。基于以上特殊的产业发展要求，陶瓷产业逐渐走向了产业集群的发展模式。

（一）选题背景

20 世纪以来，全球化浪潮愈演愈烈，刺激了通信设施技术和交通等基建的飞速发展，从而为国家经济腾飞奠定了坚实基础。突出表现在：一方面，基础设施的完善增强了生产要素和生产产品的区域流动性，为降低生产成本和促进生产交换创造了基本条件；另一方面，金融市场的繁荣提升了资本的流动性，为筹集实现产品标准化生产所需资本提供了广阔平台。

然而，令人疑惑的是这种经济全球化的发展非但未能促进区域经济的均衡发展，反而使某些产业在空间上呈现集群之势，使得各区域间经济发展差距日渐拉大，地区内相关联企业之间的相互适应与依赖超越了区域自然要素而成为区域产业发展活力的源泉，使同一国家不同地区间差异巨大，发展与停滞并存。

直到 20 世纪 90 年代，意大利等地的发展状况才真正加深了人们对这种特殊区域现象的认识并引发了学术界的激烈探讨。当时这些地区吸引了大量的资本与劳动力等生产要素的涌入，形成了特殊的集群形式。研究发现，这些高速增长的区域经济活力较旺盛，就业水平与居民生活质量也较高，而过分依赖外来资本的区域在经济动荡中很容易受到影响。因此，真正具有可持续发展能力的区域是那些能应对区域内外的冲击、经受住经济波动的影响、不断优化产业结构的区域。这些区域也自然而然地成为学术界和实业界关注的重点，对它们的研究为产业集群理论奠定了基础。

时至今日，作为理论和现实热点，与产业集群相关的理论研究成果十分显著，突出体现在：一方面，国内外众多学者从产业集群的竞争优势形成机理、特点、生命周期及其与区域经济空间耦合关系等多个角度入手，提出了独到见解，形成了系统性的产业集群理论；另一方面，还有大量学者采用案例研究法，对发展较成熟的产业集群进行案例分析以探索其良好运行的成因，进而总结出案例中的成功经验以便实务界参考借鉴。纵观这些研究，从理论和实践都给后续研究提供了宝贵的财富，对本书的撰写亦是意义非凡：一是启发了写作视角的选取；二是丰富了理论部分的内容；三是拓宽了具体分析的视角。

我国较规模化的陶瓷产业始于西周，距今已有几千年的历史，业已创造了一个又一个动人的传说。目前，我国比较具有代表性的陶瓷产业基地主要有：江西景德镇、四川夹江、湖南醴陵、福建德化、山东淄博、广东佛山等。这些地方各具特色，如山东淄博以极具美感的建筑陶瓷出名，而湖南醴陵则以五彩陶瓷冠绝中外，至于千年瓷都景德镇，凭借着独特的制瓷工艺和崇高的历史地位优势，始终在陶瓷产业中屹立不倒。虽然它们的发展各有特色，但无一例外的是，它们都利用了产业集群和区域经济空间的耦合关系，不断促进产业优化升级。

近年来，受资源环境约束、劳动力成本上涨和区域性产业结构调整政策等诸多因素的综合影响，一些主要陶瓷产地出现了向外转移的趋势。同时，一些中小型陶瓷产地和新兴陶瓷生产区积极承接陶瓷产业转移，陶瓷产业布局出现了分散化的趋势。但是，总体而言，我国陶瓷产业产地高度集中的格局仍然较明显，在短期内发生显著变化的可能性较小。

当今世界经济的发展状况已经表明，发展产业集群可以极大地推动区域经济发展，提高区域竞争力，也是生产力与生产关系进一步发展的需要。新中国成立后，我国的陶瓷主要产区在生产上均有较大幅度的提升，1949～1952 年，陶瓷总产量即恢复到之前的生产水平，其中江西的景德镇陶瓷产区、广东石湾陶瓷产区恢复较快，河北唐山、湖南醴陵、江苏宜兴、山东淄博等陶瓷产区的生产也得到了有效的恢复。但是近年来，随着人力资源成本的上升和自然资源的不断枯竭，再加上人们日益增强的环保意识，陶瓷产业面临许多亟待解决的困境。不仅如此，近年来经济形势不景气，如何充分发挥好产业集群的推动作用，全面应对国内外经济变化的冲击是所有产业都必须解决的问题。作为国民经济重要组成部分的陶瓷产业更不例外。

我国陶瓷产业错过了全球陶瓷产业迅猛发展的好时机。从全球来看，在这个时期，世界其他产瓷区的装备技术水平都逐步达到或者超越我国陶瓷产业水平，我国的陶瓷产业制品的附加值渐渐跌落到了较低的水平。直到改革开放后，我国陶瓷产业发展遇到了新的机遇，经过近 40 年的迅猛发展，我国陶瓷产业产值和陶瓷产品出口均重新回到世界第一的位置，但高附加值和技术创新仍然任重道远。

因此，本书以研究我国陶瓷产业集群与区域经济空间的耦合为重点，依托较完善的理论基础，并结合实地调研的客观事实，在对陶瓷产业的现状进行深入分析之后，利用先进的分析工具进行实证检验，最后有针对性地提出建议，以期促进国内陶瓷产业集群与区域经济空间耦合关系的进一步优化，助力经济腾飞。

（二）选题意义

如前所述，作为一种典型的资源密集型产业，陶瓷产业的发展离不开大量的资源及资本投入。因此，著名的大型陶瓷产地一般是以其为当地的支柱产业。但近代以来，作为区域支柱产业，各地陶瓷产业的发展遇到瓶颈，直接导致当地区域经济发展较迟缓。

从表面来看，直接导致区域经济发展迟缓这一现象的直接原因是陶瓷产业竞争优势日渐减弱，本质上是陶瓷产业与区域经济空间耦合效应未能充分发挥作用，具体表现在基础设施建设不当、战略规划不合理、自然资源利用效率低下等。因此，研究陶瓷产业集群与区域经济空间耦合不仅具有极大的理论意义，还具有重大的实践意义。

时至今日，作为理论和现实热点，产业集群理论研究成就斐然。近年来，学术界对从产业集群的各个角度对产业集群展开研究，成果日益丰富，对产业集群的形成原因进行总结，有利于政府制定相应的产业政策，促进产业集群的健康有序发展。

一方面，国内外众多学者从产业集群的竞争优势形成机理、特点、生命周期及其与区域经济空间耦合关系等多个角度入手，提出了独到见解，形成了系统性的产业集群理论；另一方面，还有大量学者采用案例研究法，对发展较成熟的产业集群进行案例分析以探索其良好运行的成因，进而总结出案例中的成功经验以便实务界参考借鉴。

但由于研究的复杂性和研究角度的不同，学者们对于产业集群的概念至今还没有一般意义上的完整回答，制约着学者对产业集群的进一步研究。

1. 理论意义

产业集群理论是目前经济学界研究的热点问题，产业集群的形成是一个地区形成竞争优势的主要手段。产业集群理论研究一方面能丰富和完善产业集群理论、产业组织理论和现代创新理论，另一方面能促进西方经济学、产业经济学、发展经济学、区域经济学等相关学科的发展和融合，具有重要的理论意义。

随着经济全球化的不断深入，关于产业集群问题的理论研究已经囊括多个方面，涉及众多角度。本书吸收了前人的理论研究成果，以此为基础对产业集群理论重新梳理，并全面剖析了产业集群模式带来的竞争优势及其对区域经济发展的促进作用。

已有的理论研究对陶瓷产业集群与区域经济发展内在关联等相关问题做出的探讨不够全面，具体表现为：在研究视角上，大多数学者是对各大陶瓷产地发展现状方面的研究，对于当地陶瓷产业集群动态演化过程进行系统梳理的极少，更多的是就某一具体时点对该陶瓷产业现状进行阐释与分析；在研究内容上，大多数学者将重点放在陶瓷产业集群的优势上，对陶瓷产业和区域经济耦合关系的论述不够深入，分析也不够全面；在研究方法上，多数研究采用单个案例的形式论述某个陶瓷产地的集群现状与区域经济发展，缺乏代表性和说服力。

长期以来，国内外学者大都将产业集群定义为大量相关联企业的聚集，如新出现的工业区、新兴产业空间等，这些定义只关注了产业集群模式表面呈现的地理上的相互靠拢，完全忽略了这一模式背后体现的经济规律和业务实质，以致现有的理论研究过于抽象，人们很难理解产业集群的内在本质，自然也削弱了相关理论的说服力。整个经济学领域更多地将研究重心放在生产对象、生产时间等生产力研究上，极少有学者从整个宏观区域经济的角度探讨经济效应的发挥与生产进步。

因此，本书以陶瓷产业集群与区域经济空间耦合关系为研究对象，以陶瓷产业集群与区域经济相互作用的动态演化为切入点，将西方经济学、产业经济学、发展经济学、区域经济学、社会学等多门学科的相关知识点进行融合，通过对产业集群现象的分析，探讨陶瓷产业集群各地区产业发展与区域经济耦合的必备条件、形成机理、集聚效应等，有利于丰富经济学理论的研究内容。

本书对陶瓷产业集群和区域经济空间耦合关系而言：向前分析了陶瓷产业集群的定义和形成机理，向后拓展了区域经济空间发展的特点和主要影响因素，丰富了现有文献。对陶瓷产业集群与区域经济空间的耦合关系做出了较完整的论述，形成了比较完整的逻辑研究链条；在理论研究中引入了关系契约理论、投入产出理论、区位商理论，构建了较完整的研究陶瓷产业集群与区域经济空间耦合关系的逻辑框架。

综上，产业集群与区域经济空间耦合关系的研究有利于丰富区域经济学和产业经济学的研究内容，也指明了未来研究的前进方向。

2. 实践意义

陶瓷产业具有悠久的历史，是区域经济发展的支柱产业，然而在发展过程中遇到诸多问题，大瓷厂相继倒闭，振兴陶瓷产业成为地方政府和企业亟待解决的头等大事。2007 年，中央政府公布的资源枯竭型城市中，曾经闻名全球的世界瓷都景德镇赫然在列。在新形势下，陶瓷产业转型成为困扰企业家的难题。我国陶瓷产业正遭受着资源短缺、来自国内其他非主要陶瓷生产城市和国外竞争压力，亟待实现产业整体升级。

本书通过对陶瓷产业集群与区域经济耦合关系细致广泛的分析，提出有针对性的可操作性强的规划建议，可以作为当地政府和企业今后生产的参考，推动陶瓷产业集群升级，提高景德镇陶瓷的竞争力，从而推动区域经济的快速发展。

首先，产业集群模式有利于增强区域产业的竞争优势。不管是对地区还是对国家而言，保持国际竞争力的根本前提是提升本区产业竞争力，而要实现本区产业优势最大化必须依赖相关联企业集合而成的产业集群。现代产业理论最新研究成果表明，产业集群模式有利于增强区域产业的竞争优势。一般而言，形成产业集群都是以一个或几个主导企业为核心，围绕本地资源与生产特色，这些主导企业不断变化发展，衍生、分立或合并等方式形成企业群，然后不断演化成成熟的产业集群。一个产业或企业群的出现都是由本区市场内部需求触发的，但是要真正形成产业集群必须要产业间、企业间及企业与外部机构间形成互补，相互关联。一旦某个区域某个领域的产业或企业，与之相关的上游供应商、配套企业，下游销售商，相关服务提供企业等皆会如雨后春笋般纷纷涌现，不断发展而成较完善的产业链，随着企业数的增多也会不断在空间上日趋靠拢，成为较完整的产业区。在此基础上，散布于某区域内的不同产业和企业间相互竞争、相互合作，减少交易成本，发挥规模经济效应。这种模式较纵向一体化的企业集团更具有灵活性，并且可以通过彼此学习推动创新，在产业价值链上寻找新的经济增长点，发挥更大的影响力。这种模式下，规模经济效应、知识溢出效应以及范围经济效应不断放大，不仅可以促进本产业群内的企业壮大，也可以推动分工专业化，进而促进整个区域经济的进步。

其次，产业集群模式有利于促进区域经济飞速增长。在产业集群模式下，大量企业聚集在一起，这意味着必然会有大量劳动力集中在一起，他们为本区域内的企业提供了充足的人力资源，而产业集群的发展又反过来为本地居民提供了良好的就业环境和充分的选择空间，便于人才对接。在此基础上，产业集群的发展使得基础设施不断完善，包括基础通信、物流交通等多个方面，在方便了人们生活、降低了交易成本和时间成本的同时，也带动了相关产业的发展，促进内部投资与消费。长期发展后，产业园区的规模不断扩大，产业内部布局也日趋合理，区域产业结构不断优化升级，将会引导劳动力向更合理的方向流动，帮助区域经济更快提高。基于产业集群依赖资源的特点，一个产业集群的形成会带有明显的地域特征。随着时间推移，产业集群会在拉动就业、完善基础设施建设、推动周边经济进步等多个方面发挥核心作用。

最后，产业集群模式有利于刺激区域技术发展，助力技术创新。根据传统的企业理论，企业的形成是为了追求超额利润，而超额利润的实现有赖制度的优化和硬件的提升。其中，科技创新是核心生产力，技术的优化可以节约生产成本，扩大市场份额，形成明显的产业优势。在产业集群模式下，相关联企业之间不仅地理位置接近，业务联系也更紧密，便于企业间信息传递和知识交流，既促进了相互学习，又激发了创新潜力。在此基础上，企业信息不对称程度大大降低，有利于迅速了解市场的需求，准确进行企业定位，及时了解市场动态，寻找潜在机会，灵活调整企业战略，集中力量发展核心技术。除此以外，也为相关企业的未来发展提供了经验和方向性指导。

根据经济学理论，企业的聚集可以实现正外部性。一方面，相关联企业聚集可以实现通信、医疗、交通等公共基础设施的共享，避免重复建设，节约企业生产成本并减少环境污染；另一方面，相关联企业聚集可以促进企业间分工明细化，避免低质竞争，促进市场良性循环，提高企业自主性。首先，对于陶瓷产业本身而言，政府"一带一路"倡议、"双创"等政策的出台除拓宽了陶瓷产业的未来市场，激发了它们的新活力以外；也为陶瓷产业不断完善上下游产业链、充分利用区域优势、建立较完善的产业集群、共享基础设施建设等提供了基本的条件，帮助陶瓷产业更好的集中力量开发自身优势并结合区域特点扩大市场份额，进而推动区域经济更好发展。其次，对于相关企业而言，陶瓷产业集群与区域经济空间的耦合效应关系到它们的未来发展。最后，对社会公众而言，本书研究结论为陶瓷产业集群的良性发展和区域经济空间耦合效应的充分发挥提供了可行性建议，一方面可以带动本地经济进步、创造就业机会，另一方面也推动了当地公共交通、通信工程等基础设施的不断完善，提高了当地群众的整体生活质量。

　　深入调研后笔者发现，我国陶瓷产业发展形势日趋严峻，面临许多发展阻碍。较明显的有：①产业结构不合理。表面来看，我国已经形成了以日用陶瓷、艺术瓷、建筑陶瓷为主品类丰富的陶瓷产业格局。实际上陶瓷市场流通的陶瓷品质参差不齐，分类模糊，各大陶瓷产区建设差异不大，未形成结构合理的特色陶瓷产业布局。②基础设施不科学。陶瓷产业的发展需要基础设施作支撑，但是当前陶瓷企业缺少协作精神、重复建设、互相模仿等现象严重，导致大量的资源浪费。③竞争格局不好。当前，陶瓷企业生产的产品几乎如出一辙，不寻求新技术突破而是着力于打价格战或者欺骗游客，以次充好。各陶瓷产区也缺乏战略眼光，不发掘潜在市场份额，而是致力于保住现有的市场地位。因此，必须深入剖析各陶瓷产区的综合情况，并了解该产业及相关产业的发展方向，才能全面把握区域经济的未来动态，提升本区域竞争实力，促进产业协调发展。

　　基于以上种种，促进陶瓷产业集群模式不断切合各地实际情况，发挥其核心产业与区域经济空间的耦合优势，不仅可以为未来陶瓷产业集群研究指明方向，还能通过理论指导实践，壮大国内陶瓷产业的核心竞争力。因此，研究陶瓷产业集群与区域经济空间耦合关系已经势在必行。

二、国内外相关研究的文献回顾

作为能够促进区域经济快速增长的有效产业模式，产业集群已经在世界上很多国家和地区迅速发展，并且极大地促进地区的经济发展水平。在经济学发展初期，尽管在很多经济学家的著作里能追溯到关于产业集群思想的起源，并且产业集群理论以及与区域经济增长的关系也是从这些思想演化而来，但是，作为学术研究对象，直到20世纪末，产业集群及其与区域经济耦合关系才受到国内外研究学者的注意，并且迅速成为众多经济学科的主要研究对象。

（一）产业集群相关文献回顾

1. 国外相关文献回顾

关于产业集群，国外学者从价值角度、分工协作、业务流程等方向出发，对产业集群的含义、价值、升级路径等多方面展开了深入研究，既利用了个案分析，又结合了实证检验，构成了产业集群后续研究重要的理论铺垫，其中较具有代表性的研究成果有：

（1）关于产业集群的含义，重要研究视角有分工协作理论、创新推动理论和竞争经济学理论、社会学理论、新经济地理学理论、区域贸易影响因素等。

从分工协作理论出发，亚当·斯密以一个扣针制造业企业为例，利用了科斯定理中的交易费用理论，深入分析后得出：产业集群既不是市场也不是企业，它其实是介于纯市场组织与纯企业组织之间的新型组织形式。与市场相比，产业集群更加具有稳定性，而较之企业组织，它又具有更强的灵活性。此外，由于产业集群的外部规模经济和范围经济特性，它在获得企业分工形式下超额收益的同时也通过分工协作形式减少了信息不对称程度，降低了企业间的交易费用。

从创新推动理论着眼，皮特围绕创新驱动因素展开产业集群研究，指出必须创造一种产业环境，它可以加快知识积累与创新，利用技术的学习与扩散，进而推动企业全方位创新，而产业集群就是这样一种环境，它是多要素、多主体、多种联系形式集结而成的综合体，能够促进整个集群的要素相互融合，培育特色集群文化，刺激企业家们不断创新。

从竞争经济学理论角度切入，迈克尔·波特紧扣竞争这一主旨，论述了产业集群的含义，波特指出产业集群是一种组织，它能够使企业在人力资源和政府公共服务获取上取得优势，并且推动着集群内产品的创新与出口。

从社会学理论出发，洛里和科尔曼首次提出了社会资本这一概念，沿着这一思路研究，他们发现，产业集群是基于内部各个组织及其成员之间相互信任这一社会资本积聚而成的社会结构，产业集群会受到内部网络联系的紧密程度、制度的规范程度等因素影响，并且反作用于这些生产性社会资本。

从新经济地理学角度，克鲁格曼认为产业集群之所以产生是因为规模效应、物流成本、要素流通三者相互作用关系的存在。为了实现规模报酬递增、物流成本递减和加快生产要素流通，许多相关联企业基于地理优势集聚在一起，渐渐形成较成熟的产业集群。

在克鲁格曼的研究成果的基础上，亨瑞等进一步结合区域贸易的相关研究，从区域贸易影响因素切入，提出了区域贸易、生产要素价格与产业集群的产生关系模型。而马丁等学者则是将克鲁格曼的研究与罗默于 1986 年提出的经济增长理论相结合，提出了区域内产业集群自我升级的模型。

（2）关于产业集群的价值，重要研究视角有经济增长理论、企业绩效增长、知识创新角度、制度对比视角等。

从经济增长的视角入手，安东尼和尼古拉斯以欧洲衰落和美国兴起等重大经济现象为研究对象，重点围绕经济绩效、产业规模以及区域经济增长三个方面展开探讨，得出产业集群对经济增长的作用十分重大。

从企业绩效的角度出发，皮特和凯瑟琳等以英国为例进行了实证分析，选取员工数作为重要的集群指标，指出产业集群程度对制造业企业的绩效影响途径广阔，正效应较明显。

从知识创新角度着手，劳拉以芬兰的 ICT 产业作为研究对象，采用实证模型，研究指出芬兰经济增长所依托的知识基础与创新建立在本国 ITC 产业集群程度的基础上。

从制度对比的角度切入，弗得里克使用了欧洲 6 个不同国家在 1984～1995 年的主要平行数据，采用 Balassa、Entropy 和 Krugman 三个指标对数据进行实证分析，得出制度确实会影响产业集群发挥其推动经济发展的正效应。他建立了不完全竞争模型研究产业集群的实际竞争优势，

从外部视角入手，阿维亚诺指出由于特定区域内企业间基于地理优势集聚会产生技术正外部性，在不完全竞争市场条件下，会形成较明显的经济正外部性，集群的竞争优势十分明显。

（3）关于产业集群的升级路径，重要的研究视角包括创新过程的本质、动态演进、价值创造、业务流程等角度。

从创新过程的本质入手，弗莱曼总结了推动企业知识积累和技

术创新的主要特点，深入剖析了产业集群创新升级的过程演进，指出知识溢出对于产业集群的创新升级至关重要，不仅可以降低整个产业系统的经济不稳定性，也可以保持技术优势，推动自我升级。

从动态演进的视角切入，西本斯探讨产业集群发展的一般规律，经研究后发现，在发展的初期阶段，产业集群的演进表现形式主要是新增企业和其他非企业组织集聚，此时决定产业集群升级的因素主要是市场、技术及制度等。随着产业集群粗具规模，决定其升级与否的因素是企业间相互联结而成的规模效应，到了产业集群的后期，聚集企业的数量和规模逐渐趋于稳定。此时决定产业集群是否更上一层楼的则是分工协作的优化，部分企业可能会因此淘汰出局，但整个产业集群则会走向专业化和精细化。他们的研究为产业集群指明了在不同阶段应适时的升级战略。

从价值创造的角度分析，岸本指出产业集群升级的本质是从低附加值的经济活动转向高附加值的经济活动，这是产业集群升级的必由之路。

从业务流程的角度入手，施米茨等提出的产业集群升级四层次理论得到了学术界和实务界的一致认可，影响重大。他们将产业集群的升级分为 4 个层次，一是工艺流程升级，即提高产能和效率，降低产品成本而做的工艺技术升级和生产流程再造；二是产品升级，即推陈出新、增加市场占有率；三是功能升级，即将升级的重点放在研发、营销和产品设计等高价值创造的环节，实现自主设计、创立自有品牌；四是价值链升级，即整个价值链重新梳理后，将从某一环节所学的经验和技艺等应用到全新的产业关节中去，拓展原有的产业价值链。施米茨等提出的四层次升级理论不仅清楚地指明了产业集群的升级路径，也在横向上给产业集群内部不同环节进行了定位，影响范围较大。

2. 国内相关文献回顾

（1）对于产业集群，国内学术界的研究热度近年来也是愈加升温，以区域经济学界为主力的学者们主要从组织形式、外部性、区域发展等视角切入，对产业集群的优势以及产业集群的优化等展开了较全面而深入的研究，丰富了产业集群的相关文献，具体如下：

关于产业集群的定义，从技术创新的角度着眼，苗建军（1997）在《技术创新与产业群形成》一文中对技术创新与产业集群的形成关系进行了探讨，指出产业集群是一种基于技术创新的规律和进程不断演化而成的技术集群体，且既定的产业集群制约着后续技术创新的方向与进度。盖文启（2001）在《产业的柔性集聚及其区域竞争力》一文中则认为技术的推动使得专业化分工的中小企业不断涌现，同产业及相关产业内大量专业化的企业利用日趋紧密的合作网和交易链，形成了特定的区域专业系统，即产业集群。

从地理区位的视角入手，魏江（2003）结合产业特性这一标准，在《产业集群学习模式和演进路径研究》一文中指出，产业集群必须满足两个标准，一是地理聚集，产业集群内的一切组织及其成员在地理区位上必须是相互接近且有区域限制；二是产业特征，集群内企业组织必须是生产（提供）某种或相关产品（服务），否则不可以称为产业集群。

从产业集群的特征入手，刘纯彬和李海飞（2006）在《产业集群的本质特征与效率基础》一文中从产业、空间、制度、生产4个层面总结了产业集群的特点，并将产业集群定义为在产业上表现为区域化，在空间上表现为集群化，在制度上呈现社会性并且在生产上体现"制造为主 + 不断创新"特点的企业及相关组织的集合体。

（2）关于产业集群的优势，从规模经济的角度入手，梁小萌（2000）在《规模经济和产业集聚及区域协调——"入世"后我国产业竞争优势的培育》一文中论述了产业集群下企业的内外部规模经济的具体情况，指出通过集群的形式，企业可以获得一定的外部规模经济效应，并作用于内部扩张。同时，集群内企业间的产业链密切了企业间的联系，促进了分工细化，形成竞争优势，实现整体扩张。

从经济发展的模式入手，张辉（2003）在《产业集群竞争力的内在经济机理》一文中比较了不同区域经济发展模式，指出产业集群是最具整体竞争优势的模式，它促进了要素整合，实现市场竞争优势。

从绩效分析的角度入手，蔡宁和吴结兵（2002）在《企业集群的竞争优势：资源的结构性整合》一文中对产业集群模式的竞争优势做出了全面解释，指出作为一种中间组织形式，产业集群在市场中形成了新型竞争单位，与一般企业不同的是，产业集群竞争优势的形成除了受到环境、制度、资本等诸多因素的影响外，更多地取决于当地资源固有的特性及此集群自身的内外资源配置能力。其中，该集群内部组织结构与外部规模起决定性作用。

从案例分析的角度切入，骆静和聂鸣（2002）选择了较具有代表性的发展中国家的典型产业集群作为样本，通过案例对比的方式，直观地列示了产业集群发展主要受集群内部关系网发达程度、宏观调控部门的支持力度及本区资源的富足程度等因素的影响。基于此，作者特别从集群经济的角度出发，结合国外产业集群模式的先进经验，探讨了产业集群模式与中小型企业国际化战略的内在联系，提出中小型企业国际竞争优势的取得依赖于企业的核心竞争力，而成功经验已经证明集群效应可以扩大企业的综合实力。

从理论发展的角度出发，魏守华和王缉慈（2002）对梯度推移理论、区域发展综合理论及增长极理论等与产业集群相关的理论研究成果进行了系统性梳理，重点强调了技术实力对我国区域经济进步与综合发展起决定性作用，而对集群内固有资源的整合及配置能力则关乎产业集群自身的存亡。陈剑锋和唐振鹏（2002）则是从创新与发展的角度着眼，对国外产业集群理论的先进研究成果进行了总结，重点突出了产业集群对技术进步、组织结构优化、企业资本积累、社会经济发展等层面的促进作用，还深入剖析了产业政策对外国已有产业集群的发展起到了哪些作用。

从知识积累视角入手，魏江和申军（2003）首次提出了集群学习这一概念。作者将产业集群学习模式分为纵向的积累和横向的知识交流两大类并详细地描述了与之相对应的产业集群空间，并指明了该模式是如何演化升级并作用于区域经济发展。

（二）产业集群与区域经济耦合关系研究的相关文献回顾

1. 国外相关文献回顾

关于产业集群与区域经济耦合关系，国外较主流的看法是在创新体系理论中提出的，其中具有典型代表性的有艾德洛特、梅拉特提出的创新环境以及卡玛格尼的创新网络论，他们的理论在某一时期曾引起过企业家的浓厚兴趣，但真正掀起区域创新体系理论研究高潮的则是在迈克尔·波特明确提出产业集群这一概念之后，不同于企业视角下的创新方式，在产业集群模式下，区域内创新的实现更多地依靠产业集群内部不同主体相互交流、彼此协作，形成一个良好的互动体系。

梅拉特认为，创新体系包含两个层面：一是内部创新体系，重点是完善集群内部关系网，整合全部物质或非物质性资源，以在宏观层面上形成一个可控的整体，彼此关联可以降低企业面临的不确定性风险，减少信息不对称的情况，为创新提供稳定的内部支持。

二是外部创新体系，通过产业集群模式，可以增加内部企业对外交流的机会，实现多边学习，并且通过与外部企业的交流协作，不断了解市场动态，完善企业的外部联系网络，及时调整自身发展战略，倒逼技术创新和制度创新等。而伦德沃尔则从要素角度出发，分析创新体系的外延。他认为企业在生产、发展过程中产生的知识、传播的知识、对知识的利用及对知识的整合等过程中包含的相互作用的生产要素及其内在联系都是创新体系，它是各个经济主体全部行为的总和，是一种行为性概念，也是一种社会关系的代表。综上，不管是从空间结构上还是生产要素上分析，创新体系都对产业集群的发展创造了良好的发展前提，而产业集群模式则会反作用于创新体系，促使其往良性方向发展。

区域创新体系的研究始于国家创新体系概念的提出，著名的经济学家弗里曼、内尔逊、伦德沃尔提出这一概念并指出，经济增长是一个包含不同形式，不同要素相互作用的动态演进过程，创新及创新思维的国际传播是全球经济进步的根本动力，这种创新不仅包括技术创新，还包括经营理念的创新和组织架构的创新。内尔逊等在研究了多个国家的创新体系之后得出，不同的国家必然会形成独具特色的国家创新体系，这种创新体系是多样的，不具备既定的单一模式；弗里曼则更多从体系的结构特性考虑，他认为国家层级上的创新体系是公共部门和私人部门共同构成的关系网络的集合，因此要发挥好国家创新体系的作用、促进机制逐步健全必然要做好公共部门的机构设置，增强各部门自身及部门间的创新协调能力，更好地发挥本国创新体系的效率。21 世纪的到来，产业的迅速发展和科技的不断进步为理论研究提供了充足的素材和物质基础，在国家创新体系研究的基础上，诸多学者提出了新的概念——区域创新体系。与以往的分散式研究不同，学者们以特定区域的技术、基建、组织架构、文化传统等内容为研究区域创新体系的主体，系统地把技术集结地、技术创新型城市综合起来考虑，得出了较完整的研究框架，也提供了清晰的逻辑链条。针对发达国家外商投资的情况，德沃特进行了案例研究，他认为在经济全球化大背景下，产业集群模式也日渐区域化。奥梅则从整体出发，认为经济主体间相互竞争又相互促进，所形成的经济活动量固定或有规律的利益共同体就是区域，是区域控制着行业竞争优势的大小而不是上层建筑。比起研究西方传统的产业集群化明显的国家，如英国和意大利等，研究珠三角、新加坡等新兴产业集群型区域更具有意义，因为意大利区域差异偏大而英国主要是外部国际市场占据优势。强调区域创新体系这一概念的学者关注的不仅是产业集群模式本身，也包括产业集群形成的集群区域，他们注重的是知识的交流与沟通，区域合作氛围良好，坚持巩固以信为基的合作模式。

最早对区域创新体系进行科学分类的是库克，他以创新体系所控制的经济基础为依据，将其划分为基层型、互动型和自主型三种。基层型是指产业集群规模较小，通常是小城镇或小范围城区的资源流动，专业化分工不明显，以私人或小群体分散型融资为主，多数资本来源于债务性融资，成本高、规模小，强调应用常见风险的能力，技术创新也侧重市场急需的实用性技术，很少跨区域协作，地方保护色彩浓厚。互动型是指产业集群粗具规模，内在联系较发达的创新体系。基于网络型创新体系的技术、知识、资本的转移涉及更多类型的机构，筹集资本的渠道也更多元化，除了应用研究，对于纯粹的理论探讨也日渐兴起。由于集群内部网络极发达，形成了各种分工明确的专业化组织机构，彼此协作十分紧密，对外交流也很频繁。自主型是指区域创新体系发展到自主创新的阶段，产业集群的发展要素及其对宏观经济的影响程度受到重视，区域内企业自主研发能力与自主研发意识都很强，技术创新不仅源于外部驱动，更多是内生需求推动了企业的技术创新和产业升级。

波特详细阐述了一个国家或企业竞争优势的全新理论。波特开始研究产业集群就注重把集群竞争优势与区域竞争力联系起来，并且与各国产业政策制定者产生共鸣，使得产业集群竞争优势理论研究具有现实指导意义。波特率领 30 多人的团队历时 5 年，通过对丹麦、意大利、韩国、瑞典美国等 10 个发达国家和地区的产业集群状况调查的基础上完成《国家竞争优势》一书的写作，对基于产业集群的国家竞争优势进行广泛和深入的研究。

施米茨建立集体效率模型，并对集群的外部经济性和联合行动的竞争优势进行分析得出，只有外部经济性是不充分的，还得有企业间、企业和机构之间的联合行动。联合行动的形式包括集群企业间的纵向和横向的合作以及企业集体的联合行动。集体效率只有在特定的条件下出现，集群的竞争优势只有在满足这些条件下才能发挥出来。

库克指出集群创新系统由具有明确地理边界和行政区域的创新网络和机构构成，这些创新系统和机构以各种形式进行相互作用，从而提高内部企业的创新能力，这就是系统内各个组成部分（企业、商会、大学、研究机构、银行、政府）相互协同作用的结果。

费尔德曼的研究结果表明，集群过程存在知识的外部性和溢出效应，对地区的整体创新能力起到明显的促进作用。

费尔森施泰因以智利和苏格兰的养殖业集群方式为研究对象，认为社交网络相比于地理集聚具有更大的影响力，社交网络促进了企业间的营销行为，企业间的合作收到国家文化和区域经济文化的影响。

贝斯特从专业化生产角度入手，认为专业化生产企业间的信息共享、技术交流是企业集群发展的基本动力，高度专业化也是集群竞争力和区域竞争优势的来源，同时产业集群也可以吸引更多企业的进入或产生更多的新企业，从而扩大集群规模、维持集群生命力，在这个过程中，知识的溢出效应发挥至关重要的作用。

佛朗索瓦·佩鲁提出增长极概念，增长极是围绕一些主导工业部门而形成的有活力的高度联合的产业群，不仅能够以较快速度增长，而且可以通过乘数效应推动相关行业的增长。他认为不论是从时间维度还是空间维度来看，不同地区、不同行业、不同部门的经济发展都是不均衡的，经济增速也快慢不一，居主导地位或拥有创新力优势的企业会引领本行业的发展进步，形成增长极，从而对该地区产生支配作用，不仅促进所在部门和地区的经济发展，而且可以带动其他部门和地区的发展。佛朗索瓦·佩鲁认为，增长极的带动作用表现在四个方面：第一，先进技术的传播与扩散；第二，资本的集中于输出；第三，规模经济效应；第四，集聚经济效果。可以通过两种方式建立增长极：一是市场机制可以自动调节产生增长极；二是政府可以计划经济和重点投资项目建立增长极，当政府采取某些政策影响某行业发展时，可以通过乘数效应和关联效应，促进相关产业发展，从而带动整个地区的经济增长。

2. 国内相关文献回顾

吴勤堂（2004）不仅对产业集群—区域经济发展耦合做出了概念界定，还从经济增长、经济结构调整升级、区域内部资源优化配置、产业技术创新等角度分析了产业集群与区域经济发展耦合的具体机理。他认为产业集群—区域经济发展耦合是指产业集群与区域经济发展两个系统通过各自的耦合元素产生相互作用彼此影响的现象；还结合本国经济运行的现状及未来发展动态提出了促进产业集群—区域经济发展耦合的实用型建议。

王琦（2008）认为世界经济发展到今天的信息经济时代，分散和集聚是地区经济活动的主要特点。产业集群是无边界信息经济中的"平滑空间山的黏滞点"。而产业集群与区域经济空间二者的耦合实质上就是指在形成产业集群及后续升级演进过程中二者相互促进、相互作用的非线性关系的总和。王琦认为产业集群与区域经济之间的耦合关联体现在两个方面：一是直接的耦合关联，随着企业不断聚集，区域内专业化分工体系日趋健全和集群规模的不断扩大，产业集群直接影响区域经济空间的发展；二是区域经济空间通过资源与区位的特征、结构与网络关系、政策与环境的改变对产业集群的形成与发展提供条件和载体，同时也对产业集群的演化过程产生约束。

王恰（2013）对产业集群与区域经济空间的耦合度进行研究，解释了产业集群与区域经济空间的耦合含义，并对发展产业集群与区域经济空间耦合提出一些建议，认为政府部门应该大力加强政策的引导性，给区域经济发展提供良好的条件；及时发现处于雏形中的产业集群，大力引导这些区域产业集群的发展，妥善解决企业发展过程中的融资难、融资渠道单一的问题。

方法林等（2013）建立齿轮模型对旅游产业与区域经济耦合协调度进行分析，剖析产业集群与区域经济的耦合协调状况，提出提升耦合协调的政策建议。李欣然（2010）通过分析产业集群的特征以及对区域经济的根植性，提出有效耦合元素，从多角度分析产业集群与区域经济系统的耦合，促进两者的有机耦合不但可以加速产业集群的发展升级，还可以推动区域经济的发展，提升区域经济竞争力，发挥"1+1＞2"的效应。

霍影（2012）通过构建战略性新兴产业集群与区域经济空间耦合系统及其耦合发展效率测度模型，定量测度我国战略新兴产业集群与区域经济空间耦合发展效率。张洪潮和赵丽杰（2013）认为产业集群与区域经济耦合效应不仅表现在两个子系统之间的耦合协调程度，而且还表现在耦合效率，构建耦合协调度模型与 DEA 模型对产业集群与区域经济耦合效应进行评价。

李凯和李世杰（2005）结合耦合思想，提出装备制造业集群耦合模型蕴含三层耦合机制：制造企业耦合、集群产业耦合和区域社会网络耦合。集群产业耦合就是由制造企业耦合、产业间耦合和社会网络耦合叠加而成的复合结构，实现集群经济、社会功能的共同增长。通过对装备制造业集群耦合度分析，总结了影响耦合度的主要因素有产品服务关联度、技术共享程度和知识流动规模。

李世杰和李凯（2010）研究指出，产业集群可以看作一个独立的经济系统，集群内部的企业类似系统内彼此独立的功能模块，至于集群关联的社会网络则类似经济系统内功能分解与相似功能再整合的模块化结构，模块化耦合是产业集群的组织结构本质。基于供应链与价值链关系，产业集群模块化耦合结构可以分解为生产、价值及知识三个模块。三个模块的耦合机理与外在表现形式皆不同，知识模块的耦合是其他二者耦合的基础，知识模块的耦合程度需要通过生产及价值来体现。同时，模块化耦合是一种允许浪费的价值创造系统，在资源有限的约束条件下，需要研究产业集群的模块化成本、效率边界和治理机制。

赵子越和王怡（2014）认为，旅游产业集群与区域经济发展存在相互促进、相互带动的关系，在经济发展较好的区域才会不断发展出更多旅游产业，在旅游业不断发展的过程中又会带动当地的经济发展，文中对旅游产业集群与区域经济发展耦合关系进行梳理，提出促进旅游产业发展及区域经济发展的政策建议。

陈晓峰和邢建国（2013）提出，产业集群内部治理和外部治理在产业集群升级过程中内生出三个一般性耦合作用阶段，以家纺产业为例，阐述集群内外耦合治理的动态演变及其对产业集群升级的重要性：注重内外治理的动态耦合，多维度协同推进集群升级。

（三）国外、国内相关文献述评

通过上文的论述可以发现，国际上关于产业集群的理论成果已经较丰硕，涉及的角度也较全面，具体包括四个方面：一是竞争力诱发了产业集群，结合产业集群的概念，国外学者对典型产业集群的演化路径进行了全面剖析，指出追求超额利润的企业组织为了获得竞争优势，倾向于不断向特定区域靠拢。二是产业集群的壮大取决于集群内部协调合作效应的发挥。学者们认为降低信息的获取成本，促进企业生产技术更新换代，企业倾向于彼此协作，实现资源共享和信息互通，而对于上层建筑而言，宏观调控的目的就是保障经济运行良好。因此，当产业集群对经济发展的促进作用得到实践证明，政策制定者不论是充当合作关系的媒介还是竞争关系的催化剂，最终目的都是发挥产业政策的引导作用，促进产业结构调整，保障协作效应有效发挥。三是产业集群创新效应的发挥依托于良好的外部环境。创新是企业经济增长的原动力，也是产业集群模式最突出的优势之一，因此，有必要采取一系列措施激发创新活力，加快创新思维转化成世界财富的速度。例如，建立科研机构、培养创新人才、推出优惠的税收利率等政策，鼓励创新项目及大众创业以及设立示范平台，推广最新的科研成果，帮助企业学以致用，研发新产品，拓展市场等，以期为集群发展创造良好的内外环境，助力区域经济增长。四是集群模式具备自我强化、不断升级的特性。国外学者结合经济学领域常用的增长极理论，建立经济模型并深入分析后指出，经济增长是内外因共同起作用的长期发展过程，由于产业集群在信息获取、社会网络及生产成本等多层面都具有其他发展模式不具备的比较优势，因此集群模式可以在竞争中不断实现优化升级，带动区域发展。

　　国内对产业集群理论的相关研究已经进行了几十年，但是大量有针对性深入探究则是在近 10 年才悄然出现。整体而言，国内学者对产业集群的研究主要涉及原因分析、环境研究、集群规模和集群优势等层面，重点围绕产业集群形成过程、制约集群发展的内外因素展开了系统性探讨，研究方式从过去的纯模型、纯理论分析转变成寓模型于实务案例之中、集数据分析与理论基础于一体。研究视角从纯粹的促进经济发展的角度变成了全面考虑与集群相关的各类参与者的需求，如政策制定者、中介机构、通信物流等相配套产业等。经过学者们的不懈努力，在结合国内产业集群发展经验的基础上，学者们的突出成就主要体现在：一是揭示了区域创新体系与竞争优势的内在关联；二是梳理了产业集群的历史变迁；三是丰富了区域经济发展理论，为政策制定提供了参考素材。

　　纵观国内外研究，整体而言，国外研究成果和进度远超过国内研究水平。但是仍存在研究理论化、缺乏实际案例佐证、理论推理不够严谨、缺乏系统性、研究方式较为单一、影响研究成果等问题。比较而言，国内学者研究不够全面而透彻。一方面，研究多注重概念解释，缺少对集群内在特征的深层分析；另一方面，国内研究对集群作用的分析流于表面，未有深层挖掘集群模式在创新思维、技术升级、知识交换等层面的重要作用。此外，对产业集群的研究多从微观角度分析其自身的各个方面，较少学者从宏观层面将产业集群与区域发展耦合关系作为研究的重心，探讨促进区域竞争力提升的根本举措。

　　基于以上种种，深入研究产业集群及其与区域经济耦合的本质既是实务工作者要解决的难题，也是政策制定者和理论工作必须把握的重心。

三、研究思路与研究方法

（一）研究思路

第一，对产业集群的概念进行辨析，归纳产业集群的特征，分析了产业集群的影响因素。第二，回顾了产业集群与区域经济空间的相关理论。古典经济学、新古典经济学、传统与现代经济地理学与竞争战略簇群理论对产业集群的形成原因、基本特征都进行过详细的阐述。第三，对产业集群与区域经济空间的耦合含义、耦合内容和耦合机理进行阐述，然后分析产业集群—区域经济空间耦合对于区域经济竞争力的影响。第四，对我国陶瓷产业发展状况进行总结。第五，利用区位商理论对我国主要陶瓷产区的产业集群进行识别。第六，构建陶瓷产业集群与区域经济空间综合评价指标体系，通过指标数值的标准化和权重的确定，对产业集群与区域经济空间进行评价；通过建立耦合度、耦合—协调模型，对陶瓷产业与区域经济空间耦合机理进行分析；提出促进我国陶瓷产业发展以及陶瓷产业集群与区域经济空间耦合发展的对策。

（二）研究方法

1. 理论分析与实证分析相结合的研究方法

对产业集群的概念、产业集群形成机理等内容尽心规范分析研究，界定其含义；同时，结合实证分析的方法对陶瓷产业集群与区域经济空间发展状况进行分析，从而给出有效的政策建议。

2. 定性分析与定量分析相结合的分析方法

定性分析方法是按照相关理论，对研究对象的过去和现在的状况进行总结，凭借分析者的经验直觉，对研究对象的性质、特点和规律做出评价。本书采用这种方法归纳总结陶瓷产业集群的历史发展过程，并提出我国陶瓷产业存在的问题。定量分析方法则是根据数据利用数学或统计方法分析对象的各项指标的方法。

四、本书研究框架与主要研究内容

本书共分为九章：

第一章为绪论。介绍研究背景、研究意义、文献回顾、研究内容与方法、研究创新与局限。重点在于提出研究背景、意义与文献回顾。

第二章为陶瓷产业集群与区域经济空间耦合涉及的主要概念和理论基础。先对产业集群、产业集群的特点、区域经济空间概念及结构演进等基础概念进行了系统梳理，提出了自己的观点，然后，梳理了引领本书模型构建与具体进行分析的理论基础，包括三个主要理论：第一是区位理论，分区位论理论和区域布局理论；第二是产业组织理论；第三是经济增长理论。为后续实证检验与客观状况分析奠定了理论基础和分析思路。

第三章为产业集群与区域经济空间耦合机制研究。从理论角度入手，分析了产业集群与区域经济空间耦合的含义与形成过程，然后从特征、发展、创新和结构四个维度深入剖析了产业集群与区域经济空间耦合机制的具体内容和作用形式，最后在前述基础上探讨了产业集群与区域经济空间二者的相互作用关系，为后文产业集群的识别分析作铺垫，并提供了判断陶瓷产业集群情况的理论支撑。

第四章为陶瓷与陶瓷产业概述。通过对陶的定义分析和分类介绍界定了本书论述的对象包括的具体范围，然后，对陶瓷产业给出了本书的定义，并同时对陶瓷产业的产值、出口额、国内销售收入等基本经济数据进行解读，阐释国内陶瓷产业发展的过程与未来动向，为后文识别提供现实支撑。

第五章为我国陶瓷产业集群区域布局。首先对国内陶瓷产业的地区分布和主要陶瓷产地的大致情况进行概括。在此基础上，结合经济数据列示了典型的陶瓷产业集群地，重点介绍了龙头产区广东佛山以及山东淄博，从宏观层面探究了我国陶瓷产业集群的具体演进，为后续实证识别的定性分析和指标体系的定量评价以及耦合模型的具体解读提供了分析素材和研究基础。

第六章为我国陶瓷产业集群识别的实证检验。梳理了国内外进行产业集群理论研究的学术基础，包括关系契约理论、投入产出理论和区位商理论，结合我国陶瓷产业特性，最终选用区位商进行识别，从动态层面展示了国内陶瓷产业集群概况和演进轨迹。随之，对各主要陶瓷产区的集群情况及其与区域发展的内在联系进行了分析，从主客观角度全面分析了陶瓷产业面临的发展瓶颈的形成原因，寻求解决方法。再结合前文理论分析，指出我国陶瓷产业集群与区域经济空间耦合欠佳，从根本上阻碍陶瓷产业自身进步与整个价值链升级乃至整个区域经济的腾飞。

第七章为我国陶瓷产业集群与区域经济空间综合评价。在前一章定性分析的基础上，利用指标数值的标准化和权重的确定，从产业规模、集聚程度、创新能力和产出效率对产业集群指标进行细化，重点利用代表陶瓷产业集群发展水平的陶瓷产业集群综合评价指标，和代表区域经济空间综合发展水平的区域经济间评价指标对产业集群与区域经济空间进行评价，紧扣区域经济空间的创新系统、经济规模、经济环境，并考虑到所分析地区不同的经济发展特点、陶瓷产业发展情况以及数据的可获得性，调整了相关指标，为后续耦合关系评价做铺垫。

第八章为陶瓷产业集群与区域经济空间耦合关系实证分析。在综合评价的基础上，从动态视角建立了耦合关系模型，以此来判断我国陶瓷产业集群与区域经济发展的耦合关系，以便更好地寻找促进耦合效应发挥积极作用的对策。

第九章为结论与政策建议。主要对前文的若干结论进行总结，同时提出相应的建议，指出了研究不足和未来展望。

本书的研究框架如图1-1所示：

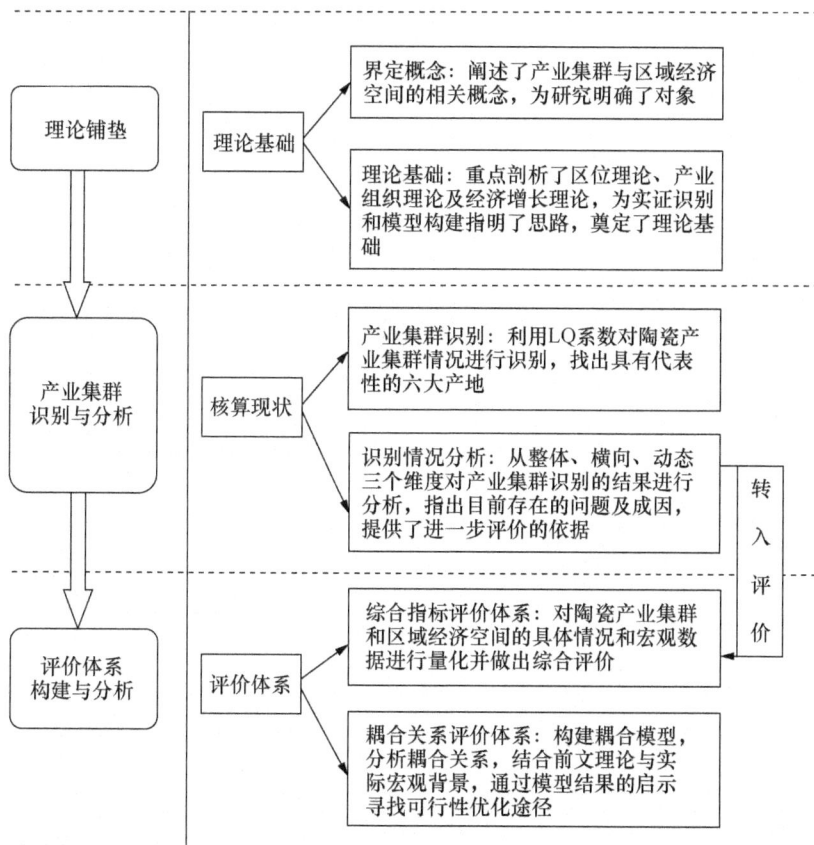

图1-1　研究框架

第二章　概念界定与理论基础

从分工协作、经济效应、交易成本、组织架构、产业竞争等方面切入，众多国内外学者对产业集群这一经济现象做出了研究，为了进一步为产业集群与区域经济耦合提供理论支撑和研究思路，本章完成了概念界定和理论基础的阐述。对本书要用到的四个主要理论进行了梳理：一是区位理论；二是产业组织理论；三是经济增长理论；四是交易费用理论。

一、概念界定

近年来，学术界从产业集群的各个角度对产业集群展开研究，成果也日益丰富，但由于研究的复杂性和研究角度的不同，学者们对于产业集群的概念至今还没有一般意义上的完整回答，这一状况使得学者难以继续对产业集群模式做出更透彻的剖析。除了理论研究难以深入以外，概念的模糊严重影响到成因分析，不利于宏观调控政策及时调整，阻碍了产业链优化升级的进度和区域经济的健康发展。

（一）产业集群相关概念

1. 产业集群的概念

最早对产业集群进行研究的国外历史可以追溯到意大利中部及东北部工业区的个别省份的操作经验，为了找到意大利的这些工业区内集群模式的成功经验，学者别卡提尼利用经济学家马歇尔的代表性著作《经济学原理》一文中的产业区概念，对意大利集群区域里的企业特征进行了总结，将这种以手工业为主的产业区称为新产业区。

对产业集群的概念做出更科学界定的是美国学者迈克尔·波特，他指出，产业集群是指大量相关联企业及外部其他组织机构在地理位置上相互靠近，在经济活动中相互竞争、彼此协作的现象。在这一特定区域里，通常存在一个居主导地位的核心产业，围绕该产业相关联企业持续聚集，相互作用形成溢出效应。随后，波特在新书《国家竞争优势》中提到，产业集群不应该仅仅局限在地方层面，应该从国际竞争的角度看待产业集群这一现象。通过对英、美、德、意等西方发达国家产业链及产业群进行剖析，波特归纳出产业集群模式的成功优势。利用波特的研究成果，许多地区致力于产业竞争优势的建立，推动本地产业布局优化，合理配置资源，取得了长足发展。

除了引起许多国家的研究兴趣以外，产业集群战略的探讨也一直受到包括世界银行、联合国在内的国际组织的高度重视。这些组织认真调研了主要成员的集群发展现状，将产业集群概括如下：受专业化分工和标准化生产的影响，产品差异日渐扩大，由此带来一系列内外变化，如技术进步、组织结构重组、社会网络日益复杂，出于市场竞争成本考虑，企业不断聚拢，共享设施和信息等资源，最终形成以某种优势产业为主导，配套企业共同发展的集群发展模式。

随着产业扩张和时代变迁，原有的产业集群概念已经难以为实务操作者和理论研究者所接受。在此背景下，波特对自己原有的定义做出了改进，增加了对产业集群本质属性的概括及正面效应的具体解释。他指出，客户的需求、专业化的投入、配套产业的发展和积极的宏观政策推动是决定一个区域乃至一个国家竞争实力的根本前提。产业集群模式拥有良好的市场嗅觉和宽松的创新氛围，这二者将会极大程度地降低信息不对称程度，从扩大生产和带动创新两个角度发挥集群战略对区域竞争的正面作用。

可以看到，由于学者们的出发点有别、知识背景有异及所处环境不同，他们对产业集群的定义五花八门，再加上产业集群本身包含诸多方面，较复杂，这给概念的统一增加了难度。总体来说，产业集群解读视角太多样。作为一种世界性经济现象，产业集群是区域经济进步的原动力、技术池及创新源，它不是一个单纯的经济现象，产业集群还涉及地理学层面的经济聚集、社会学领域的社会关系网以及战略管理学角度的企业战略制定和模式选择等。从社会学角度来说，产业集群的地理位置的接近，从长期的交往中更容易培养相互之间的信任，建立相互之间交往的社会隐形制度，有利于积累社会资本、降低交易成本。综上，不同的学科在研究产业集群时，所关注的角度不一样，都有各自的研究框架，阐述产业集群的某些方面的特点。

概念上的模糊不仅会削弱人们对产业集群这一经济现象的研究兴趣，更会误导人们的研究方向，不利于产业政策的制定和调整，阻碍了区域经济进步的步伐。因此，在全面梳理前人给出的对产业集群的定义之后，必须找出共性，把握经济发展和集群演进的本质关联，给出本书的定义。虽然前文介绍的定义各有不同，但是从中我们可以看出学者们认可的产业集群的一些特性。

第一，产业集群的本质。产业集群本质是复合型有机网络组织，它既不是纯粹的企业，也不是完全的市场，产业集群更像是模块化的企业组织，它既有生态系统的内部链条性，又有社会层面的内在协作性，还有经济主体的逐利性和市场层面的竞争性。产业集群是有机的组织形式，说明产业集群构成主体之间具有相互关联性，形成竞争与合作相互协调的内部关系，还有与环境相适应的整体。网络组织则是指产业集群类似网络空间，存在着有形层面的关联，也含有无形层面的关联，它依赖集群企业共同的区域空间，依靠分工与协作形成完整的产业链，同时又保持了各企业模块的独立性，确保了集群系统的稳定性。

第二，产业集群形成机制。前面已经说明，产业集群的形成有其偶然性也有其必然性，绝不是某一个或几个要素可以决定其形成的。但是，追本溯源，产业集群的形成是各相关机构共同的选择，不论是自愿的或是被动走向产业集群，实际上都是因为企业具备通利性。从经济理性的角度来讲，企业的形成本身就是为了集中更多的资源获取超额收益。从社会利益来看，各主体彼此间相互交流，彼此信任，共享资源和信息，形成稳定和谐的社会文化环境，各主体都能从中受益。因此不论是经济利益还是社会效应，产业集群的形成本质上是利益驱动的。

第三，产业集群具有关联性。在产业集群内，构成主体之间相互关联，表现在地域关联、结构关联和功能关联方面。其中，地域关联是指由于某区位具有适合组织共生的要素资源，从而引起主体在特定空间上的地理集聚；结构关联指的是产业链上游的供应商、中间制造商和下游销售商和消费者，还有资本、技术和信息需求引致的横向关系；功能关联是集群内具有创新条件，即集群主体间进行新知识和新技术的生产、扩散和利用，降低了信息的获取成本，畅通了信息等资源的扩散渠道，推动了知识交流与技术转移，有助于本区域推陈出新。

第四，产业集群是过程与状态的统一。上述产业集群的概念总体上考虑了集群过程中的条件，并且揭示产业主体间的相互联系和状态特征，赋予集群主体彼此间的关联属性和特定区位的属性特征，体现出过程与状态的统一。

综上所述，不论研究视角如何不同，学者们对产业集群的本质把握大体上是一致的。本书结合案例调研的经验，将产业集群定义为——产业集群是一种现象，也是一种行为。静态来看，产业集群是指特定区域内某一主导产业及配套产业和公共机构相互靠近，形成了相互协作、分工明确、竞争有序的产业群落的现象。从动态来看，产业集群是指处于降低成本和提升产品竞争力考虑，相关联的企业主动在地理上聚集的经济行为。本书所研究的产业集群，既包括对动态演进过程的分析，也包括静态效应发挥的研究。

2. 产业集群与相近概念的辨析

随着研究的深入，产业集群的理论和实证研究不断丰富，在此背景下，出现了一些错用、滥用产业集群概念和相关理论的情况：①将产业集群理解为特定区域内主导产业或优势产业等一类产业的发展；②将产业集群理解为产业在地理位置上数量的集聚；③将产业集群不恰当应用于企业集团内部及城市规划等方面的论述上。所以有必要对产业集群与相关概念进行辨析。

（1）产业集群与产业集聚。从地理学角度看，事物在空间维度上相互聚拢的过程即为集聚。而产业集聚则是指某一特定产业及其相关联的企业和其他组织相互靠近，形成了地理空间的群落，强调的是产业从分散到集中的动态演进。

产业集群是比产业集聚更深层的概念，它不仅指地理空间上的彼此集聚，产业集群侧重把握地理靠近现象的本质动因，在特定区域内依靠自身力量发展壮大，企业也呈现其区域特性。而产业集群内的企业或相关组织必须处在特定的产业链或价值链，它们之间存在横向或纵向关系，构成一个有机网络系统。产业集聚没有提到这一点，缺乏产业彼此之间的联系，而这种有形无形的联系都会推动创新，促进产业的发展。不论是于企业还是于产业而言，要扩大市场份额，保有竞争优势，必然离不开创新的驱动，在此基础上才有条件发展出成熟的产业集群。可见，产业集聚未必可以发展成产业集群，而产业集群一定符合产业集聚的条件，是其子集。

（2）产业集群与企业集群。企业集群在国内最有影响力的概念是由仇保兴（1999）提出的。仇保兴作为我国研究企业集群的著名经济学家，他在《小企业集群研究》一书中给出企业集群的定义，"企业集群是由一组自主独立又相互关联的企业依据专业化分工和协作建立起来的组织，并认为这种组织介于纯市场和层级组织之间，比市场稳定，比层级组织灵活，借助这种特殊的组织机构，小企业之间建立长久的交易关系而且不一定需要用契约来维持，而主要通过信任和承诺来协作"。

通过比较产业集群和企业集群的相关研究可以发现，两者还是具有显著区别的。产业集群往往看重产业之间的联系，地理位置的界定通常是通过产业关系的需要。而产业集群在有些时候甚至是跨国界的，以汽车产业为例，波特对加拿大和美国的集群状况进行了分析，他指出仅企业间的产业关系是不足以支撑企业集群的全部内涵，真正的企业集群是由相互竞争、彼此协作的企业群组成的，强调的是企业间的竞争合作关系，对企业地理空间的集聚提出严格限制。

尽管企业集群与产业集群都以产业间的内在关联作为判定是否形成集群的重要标准，但是一般而言，企业集群内部的产业链较短，价值分工不明确，而产业集群强调产业之间的联系，但产业集群强调的联系在产业链上表现得比较长，企业集群的产业跨度较短。

除了产业链的差异以外，二者在主体成分上也明显不同，产业集群不仅指企业组织集聚，在一个产业集群里，还有大学、科研机构、中介机构、审计机构等非企业组织，一些较成熟的产业集群甚至包括工商、税务等公共部门。企业集群则多数是由单一的企业组织机构，能产生规模效应，但未必是专业化分工带来的其他经济效应。从数量的角度看，产业集群的企业数和规模未必优于企业集群，因为某一产业链的企业即使不多，只要能够发挥专业化分工协作的优势，具备完整的产业链条和物质基础，依然可以形成产业集群，而企业集群的前提是量的积累。综上，可以认为企业集群与产业集群是两个交叉不多的概念，二者的研究维度有着本质区别。

（3）产业集群与产业链。从产业集群和产业链的业务流程来看，二者都具有较明显的网络特性。就产业集群而言，它的内部存在生产、市场、技术等方面的联系，同时也存在信任和声誉的竞争合作关系，产业集群具有经济、社会和自我学习的属性。产业链的主体主要是企业，这些企业存在于相同或不同的产业链上，企业之间基于一定技术形态形成链式网络结构。产业链主体强调产业关联性，不强调企业的地理位置，可以很分散也可以集中。

产业集群主体在特定区域内共享技术、信息和基础设施，通过专业化分工形成经济外部性，获得规模经济或范围经济；对于产业链而言，资源要素经过产业链的不同环节，根据消费者需求变化形态，过程中增加附加值。从产业集群的主题活动的性质看，产业集群的网络类型可以分为生产网络和社会网络，这些内在关系网随集群内的各主体的技术转移、资本积累以及市场竞争等活动不断加固，保证了产业竞争优势的实现。产业链根据价值链形成投入产出结构，是相互依存构成一个系统，围绕某一最终产品形成生产网络，并不强调社会网络。

从产业链的形成过程和发展轨迹来看，产业链的规模扩张是建立在区域产业密集分布的基础上的。随着区域经济的进步，同行业的不同企业和不同行业的不同企业出于对经济利益的追求，通常会对企业自身的产业链重新调整，这就会形成具有较完整产业的一体化集团企业或者相互协作的企业群，当这些区域内的企业群围绕产业链不断深化分工、加强协作，形成功能齐全、产业链完整、联系紧密的产业区时，可以认为形成了基于产业链的产业集群。就纯产业链而言，尚未形成产业集群的产业链基本上具有辐射范围小、分散分布且对其他外部企业依赖性较强的特点。而产业集群是集中分布，相互连接的高级产业链，这为信息的便捷获取、资本的迅速积累，成本的大幅降低创造了充分的条件。换言之，只有当产业链发展到较成熟的状态，才有可能形成产业集群，促进生产进步。

（4）产业集群与工业园区。较之产业集群，工业园区的概念更宽泛。它是指地方政府为了促进本地经济发展，而利用政策性优惠和资金性扶持等方式吸引企业聚集在特定区域内，集体入驻、统筹资源而形成的一种产业组织形式。有些产业集群是通过工业园区发展而来的，有些工业园区也是在产业集群基础形成的，在这种情况下，不论是理论研究者还是实务工作者都很难准确区分产业集群和工业园区。值得注意的是，虽然产业集群和工业园区二者可以相互演化，但是，工业园区概念里的地理位置趋近并不等同于产业集群概念所指的集聚现象。产业集群多是企业为了追求经济效应而不断深化专业分工，改进生产技术，自发聚集而形成。而工业园区是政府产业政策的一种，政府部门通过加大资本投入，完善基础设施建设以吸引企业入驻，拉动经济发展，增加就业机会。因此，工业园区不同于内生发展的产业集群，它依靠外力作用而形成，这会使得工业园区很多企业缺乏竞争机制，即使它们享受了来自地理集中带来的规模经济，但由于缺乏信任，难以获得创新动力。工业园区在招商开始时，会要求入驻企业性质，保证企业的关联性，但依旧会有很多企业不具有产业关联性，仅仅是毫不相关的企业单纯为了优惠政策而入驻工业园区。

但是，工业园区一度为国际社会普遍推广，这是因为：第一，近几十年来，跨国公司如雨后春笋般大量涌现，加上交通运输业的飞速发展和城镇化建设步伐的不断加快，跨区域合作得以实现。这为企业生产转移和技术扩散创造了良好的外部环境，最终促进了大量工业园区的形成。第二，宏观政策的推动。以我国的发展经验为例，可以看到改革开放以来，我国政府出台了一系列优惠的产业政策，设立了多个经济特区，在很长的一段时期内，凭借政策性优惠，这些产业园区在吸引资本投入、扩大生产总值、带动就业、改善基础设施状况等方面发挥了重要作用。然而，新时期产业更新换代的节奏不断加快，宏观政策的优惠力度日渐减小，工业园区的发展进入了很关键的转型期，仅强调基础设施建设和生产规模壮大的发展理念已经难以满足新时期的需求。应当抓住工业园区向产业集群演变的契机，注重建立起园区内企业间的内在联系，转变管理方式，充分发挥市场的调节作用，放管结合，推动内生式增长。

3. 产业集群的分类

基于前文可知，产业集群是复杂的概念。不同行业的产业集群具有鲜明的行业特征与时代特征。因此，很难简单地对产业集群做出较公认的分类。常见的关于产业集群的分类有按产业特征划分、按产业集群的内在关系划分和按产业集群的生成路径划分三种。

（1）按产业特征分类。可以将其划分为传统型、技术型、协作性三种。传统型产业集群主要集中于手工制造为基础的家具制造、成衣生产、工艺品制作等行业。这一类的产业集群通常建立在彼此协作的契约关系上，制度约束性低。技术型产业集群则主要集中在以大量资源投入为基础的高新技术行业。这一类的产业集群对知识、技术和资金投入具有极高地要求，也具有高风险、高收益的特征。协作型产业集群不具备突出的行业特性，而是在一系列大企业聚集的基础上，利用基础通信网络的发达及政策导向等因素相互学习，生产出一系列内在价值高，品类齐全，技术含量高的产品，为区域经济发展做出了贡献。

（2）按产业集群的内在关系分类。可以将产业集群分为非正式型、组织型、创新型三种。严格意义来讲，非正式型产业集群只是初步具备了产业集群的外在特征——地理聚集，而不具备产业集群的内在本质——分工协作。在这一类产业集群中，缺乏制度性规范和内部协作，企业间更多地是彼此竞争，既不共享信息也不注重技术创新。集群的形成是为了获取当地特有的自然资源或利用当地充足的廉价劳动力而不是为了加强协作、共同发展。组织型产业集群多是在工业园区基础上演化而来的，企业为了共享基础设施及政策性优惠如税收减免、政府资金扶持等，有组织地聚集在某特定区域，随着生产进步和市场竞争的愈加激烈，区域内的企业自然而然地选择集体协作、追求创新。创新型产业集群是内部组织网络最复杂、企业间联系最紧密的集群类型。在这一类集群中，企业间分工明确，规模各异，各自的经济增长点既独立又相互牵制，如中小型加工企业以承接内部大企业的订单为主，而大企业通过技术传播和研发创新帮助本群中小型企业取得同业竞争中的优势。因此，创新型产业集群内不仅有着先进的生产技术和制造工艺，更有强大的研发实力和创新精神，将这些特点与市场完美对接，将为区域经济发展注入活力。

（3）按产业集群的生成路径分类。产业集群的形成是内在和外在、市场和政府等因素共同作用的结果，产业集群的形成根据主导因素和驱动力量的差异，生成路径和发展的不同可以分为内生型、外生型和高新技术型产业集群。

内生型产业集群在某种程度上和传统型产业集群有相似之处。这一类的产业集群凭借当地特有的自然资源和民间传统手工艺等优势，与地方政府的发展战略相配合，在国内市场取得了较明显的竞争优势。例如，浙江宁波的服装制造业集群、温州的鞋业集群都是内生型产业集群的典型范例。宁波区域自唐代至清代都是裁缝之乡，拥有大量家庭式或家族型作坊，为近现代产业集群的形成提供了技术保障和资本基础。而温州地区的制鞋技艺自清代嘉靖年间就有口皆碑。经过几百年的继承与创新，当地已经形成了良好的生产技术和创新文化，使得温州鞋制品在当今市场依然地位稳固。内生型产业集群是传承与创新共同结合的产物，需要漫长的历史与资本积累做铺垫。

外生型产业集群在沿海地区最典型，如广东东莞、福建泉州等地。这是因为外生型产业集群主要受地理位置、政策和资源等因素影响。东莞和泉州都处于交通发达的沿海地带，拥有丰饶的物产和大量的廉价劳动力，在此基础上，地方政府抓住改革开放的重要契机，通过出让土地、税收减免等优惠性政策吸引了大量外资。经过几十年的建设，东莞的电子产品已经在国际市场上享有一席之地，培育了步步高、美的等知名本土品牌。泉州也在纺织业、建材业等领域取得了突出成就。这种结合本地资源和外商投入发展而成为外生型产业集群不仅培育了本土产业，更促进了区域经济的飞速增长。

高新技术型产业集群对科研和政策的依赖性极强，因此这一类产业集群仅会在经济较发达、文化软实力强的地带出现，如北京、深圳、上海等地。在北、上、广、深等地的高新技术型产业集群带有明显的政策导向性。企业与院校等科研机构合作，产学研共同发力，为企业提供充足的智力支持和创新思维。这一类产业集群内部功能齐全，既有纵向上的大企业向小企业的技术传播，也有横向上的同类企业相互学习共同研发新技术，这使得产业集群充满了创新活力，形成产业链完整、分工明确的发展模式，助力区域经济进步。

综上所述，不论是按产业特征分还是按内在关系分或是按生产路径分，企业都是产业集群的主人翁，政府与市场只是产业集群的外部环境，创新则是产业集群的形成与演进的根本因素。下面将结合前文所得对产业集群的成因进行探究，寻找推动产业集群与区域经济耦合的根本因子。

4. 产业集群的成因分析

产业集群本身就是复杂的概念，涉及众多行业组织机构。因此，其成因自然也多种多样。结合国外发展的时间经验及调研所得，对产业集群的形成起主要作用的因素有地理条件、人文环境、产业链、技术实力四个。

第一，良好的地理条件。主要体现在交通发达、资源丰富及内需旺盛三个方面。俗语有云："要想富，先修路。"可见，基础交通条件的完善对经济发展是不可或缺的。同理，产业集群的成长与地理条件密不可分，如广东和福建等沿海省份产业集群的形成就得益于优越的地理位置。此外，丰富的自然资源也是地理优势的一个方面，如千年瓷都景德镇就是凭借特有的高岭土才形成了陶瓷产业集群。旺盛的内需也是地域的重要体现，如郁金香王国荷兰之所以形成独特的花卉产业集群，就是因为当地居民热爱花卉并且品位较高，刺激了供给者不断培育新技术，研发新品种，最终取得了国际花卉市场上的领先地位。优良的地域条件可以为产业集群创造良好的基础环境并提供资源和市场。

第二，包容的文化环境。一个产业集群的形成除了物质条件的满足还离不开文化环境的晕染。文化环境对产业集群的影响主要体现在技术传承和创新思维两个方面。一方面，技术上的传承是很多传统产业集群形成的先决条件，如江西赣州地区的家具城南康。自古南康一带就培养了大批能工巧匠，通过时代传承，打造家具的技术已经日益精湛，为南康经济发展做出了重要贡献。另一方面，创新思维的产生离不开包容的文化环境。以深圳高新技术产业集群为例。作为典型的移民城市，深圳市的文化环境十分包容，优厚的人才引进政策和开放包容的产业发展理念吸引了大批高级知识分子的迁入和大量技术骨干的定居，促进了知识传播和思维碰撞，为技术进步和产业发展提供了智力支持，这也是深圳经济日渐繁荣，大有取省会城市广州而代之之势的重要原因之一。包容的文化环境确保了传统技艺的传承同时激发了内部的创新思维，助力产业升级与区域实力提升。

第三，完整的产业链。于产业集群而言，完整的产业链是内部功能划分及企业彼此协作的根本前提。一方面，只有产业链较完整，内部企业才能够逐渐地寻找到经济增长点和市场定位，结合自身特征，专注于产业链中的一环或几环，而不需要自行构建上、下游联系，产业集群可以吸引上游供应商和下游分销商的入驻。另一方面，完整的产业链可以增加产品的内在价值，促进集中型价值创造体系的形成，而较长的产业链确保了产品不同生产工序的可分离性，才可以使不同企业专注于不同生产环节，分工协作，深化企业间的内在联系，保证产业集群的稳定性。

第四，扎实的技术实力。不论何种产业集群，技术都是核心竞争力，技术实力从内部技术更新和外部技术引进两个层面作用于产业集群。一方面，小企业向上游企业寻求技术支持以不断提升自身技术水平并承担较低技术含量的半成品的制造工作，这就为大企业集中力量研发核心技术创造了基础。另一方面，企业的聚集壮大了群体的整体实力，为人才引进和技术购买提供了充足的资本。技术实力帮助产业集群更快成形，而产业集群通过整合资源、结构优化等方式提升本群技术水平。

下面就专业市场、政府、生产要素和技术水平等因素对产业集群形成的作用进行更详细的分析。

一是专业市场。产业集群是特定环境背景下企业受利益驱动而做出的选择。作为约束条件的市场变动会影响企业的选择与发展，进而作用于产业集群的形成与发展。市场主要通过三个方面对产业集群产生作用：第一，市场容量。市场容量是供求均衡时产品的数量，容量的大小决定了企业的规模和数量，产品的市场需求量是产业集群发展的前提和基础。第二，市场规模。通常情况下，特定区域市场的规模越大，竞争秩序就越良好，市场辐射区域就越广，形成知名品牌，吸引全国乃至世界的经销商和消费者，使得市场需求量扩大，促进产业集群发展壮大。第三，交易市场与集群区域的距离。交易市场与集群区域的距离越近，产品运输费用就越低，降低企业成本，增加盈利空间，推动产业集群形成。

专业市场是产业集群演化的外在驱动力，集群演化离不开知识的积累，而这些协同机制的运作离不开专业市场的驱动。在专业市场和产业集群相互作用的发展过程中，其中任何要素的改变及任何环境的调整都会引起其他要素和环境的适应性调整。

二是政府。产业集群的形成是复杂的系统过程，是由社会、经济、文化等众多因素共同作用的结果。于政府主导型产业集群而言，如何平衡各行为主体的利益，如何准确划分各企业组织的作用范围取决于政府政策的扶持对象与优惠力度。就政府而言，促进产业集群健康运行是双赢甚至多赢之举，并且符合政府自身利益需求。政府是相对独立的行为主体，具有自己的经济利益追求。由于某些区域的市场经济不发达，市场机制无法充分发挥作用，使得有必要进行政府干预，通过主动干预促进产业健康有序发展。

政府主导型产业集群应该按照推动型产业—集聚—经济增长的方式进行，依托当地的资源要素和产业基础，借助政策引导投资，吸引有能力的企业在特定区域集聚，发挥规模效应和经济优势，以点带面，促进相关产业的发展，形成整个横向和纵向产业链，从而形成产业集群。政府通过引导性政策，包括税收减免、投资补贴等，促进产业集群的形成。

另外，政府可以创造公平、诚信的市场环境，切实保障企业间的有效合作，降低交易成本，有助于企业在特定区域的集聚。政府的强制执行力和再分配职能，可建立并维护产权制度体系，实行市场监管职能。政府是企业发展过程中的软环境，一个合格的政府可以制定适宜的产业政策，创造优美、和谐的创业环境，推动产业集群健康快速发展。政府还需要为产业集群的发展提供良好的交通运输等基础设施，并完善配套生产生活设施，树立品牌形象，促进品牌推广，为企业发展提高便利。

三是生产要素。古典经济学家亚当·斯密提出生产三要素理论，指出土地、资本和劳动促进第一次产业革命的形成，知识作为生产要素进入生产过程后产生第二次产业革命和第三次产业革命。生产要素促进人类历史的产业革命的出现，是经济发展的决定性要素，更是促进产业发展的关键力量。

在农业经济时代和工业化时代，由于交通运输成本与相关交易成本，企业选择区位时首先考虑资源要素的供应是否便利。由于资源具有稀缺性并且总量既定，企业会自发地向资源丰富的区域靠拢，以获取原料供应或生产力等方面的好处。可见，生产要素的丰富是传统型产业集群生成的首要因素。

用于某一产业的生产要素与地理空间的结合是产业集群形成的雏形。区域内的生产要素在集群形成过程中相互关联，形成网络组织。某些区域的生产要素优势是形成产业集群、发展区域经济的直接动力。

生产要素通过地理空间的集中，天然获得空间非自由流动的使用权和控制权，对人类经济活动具有根本性的影响，丰富的自然资源可以为产业提供比较成本，促进区域产业的发展。特定的生产要素是经济活动运行的前提，一旦缺乏特定的自然环境，产业的升级就会停滞，集群的形成也就更加无从谈起。空间上可以自由流动的要素，选择了适宜的生产区位和产业，与特定的空间和技术相结合，达到效益最大化。离开特定的空间环境，要素的经济效率就会降低。自由流动的要素在空间上产生集聚，形成产业集群萌芽。

四是技术进步。根据前人所述可知，技术传播与技术创新对企业发展举足轻重，而企业又是产业集群的核心主体。因此，从技术层面对特定产业集群的动态演进进行剖析，能够找到产业发展的关键环节，这对于实现产业结构优化进而实现产业升级具有重要作用。

从前文对产业聚集与产业集群的辨析可知，聚集是指量的集合，地域上的靠近，集群则远高于集聚，它关注的是企业群的内在联系与彼此互补，包括资源、技术、信息等多个层面的协作。从技术角度看，产业集群通过技术链将企业糅合成有机整体。技术进步要求技术扩散和社会化，降低企业之间的技术壁垒，共享技术成果。技术进步直接导致效率的提高，增加经济效益，引发企业的模仿，使同质企业向技术中心集中。

技术进步与分工的细化有关。技术在产业发展中与分工是共同演化的，分工推动技术进步，技术进步促进分工。技术与分工相互促进，并且导致产品大规模的定制生产，这就要求具有同源技术的企业紧密合作，集中生产。当存在大量的技术机会时，长期来看产业趋向集中。技术机会源于技术进步和创新的出现。总之，技术效率的提高、专业化分工、技术机会的出现，将会促进以经济利益最大化为根本发展目标的企业组织不断向技术源头靠拢，形成产业集群。

为剖析同质企业不断聚集的深层原因，可以结合技术极理论进行探究，以技术知识商业化不断创造经济效益的区域为例，这些技术型区域的工作重心是科学技术与产业的结合生产新产品和新工艺。技术极理论摒弃依托资源禀赋形成产业集群的传统观念，提出以技术进步为主的新思路，充分考虑产业集群与技术创新之间的关系，尤其是技术极在高新技术产业集群形成过程中的作用。

与此同时，也可以将技术思维融入产业链之中，可以看到，在技术型产业集群里，产业内部、各产业集群间存在着不同程度的技术依存性，既相互制约又相互促进，这类产业链是以生产最终产品为目的，涵盖产品在生产过程中从原材料到消费的所有阶段。产业间的相互关联之所以存在并形成完整的上、中、下游链条是由于这些产业的边界被技术转移所打破，技术上的相互关联会连接生产过程中的相关企业，将经济系统有机地糅合在一起。

换言之，产业集群过程中，具有一定相关性的企业集聚在一起，而相关性的根源在于技术上的关联。而技术上的关联是由于企业分布在技术链的不同环节，由于环环相扣，彼此形成了利益共同体，为了节约生产成本，提高生产效率，这些企业容易自发性聚集在一起，将技术嵌入生产过程，追求效益最大化。为了更好地整合资源，产业集群便应运而生，为技术转移创造更好的外部环境和传播渠道。

5. 产业集群的竞争优势

作为流行的产业组织形式，产业集群的优点十分突出，主要表现在：

（1）激发外部经济效应。如果用纯粹的经济学视角看待产业集群，可以发现，产业集群使得企业积小成大，发挥了规模效应，不仅可以整合产能，还可以降低单位成本。与此同时，产业集群的存在使得不同的企业可以共用当地的基础设施和其他专业生产要素，如铁路、通信、技工等，实现范围经济。

（2）促进区域经济进步。从社会经济学的角度出发可以看到，利用地缘上的趋近，社会资本迅速集聚，信息得到充分的共享，因此，市场参与者之间的交易成本大大降低，为企业增加产品附加值，创造更多就业机会提供了条件，最终推动当地经济不断发展。

（3）推动生产技术创新。从创新层面可以发现，大量企业的集聚不仅仅促进了企业间的协作，也促进了不同企业文化的碰撞，它推动了知识的传播与交流，并且不断发展出完善的人才体系，这一切为生产技术创新提供了必要的人力支持和技术条件。

通常，利用集群的方式，企业间可以实现专业化和精细化生产，合理的分工则使得企业得以充分发挥自身竞争优势，放大集团协作效应，以便应对全球化浪潮的洗礼。从竞争的角度看，产业集群可以降低生产成本，避免重复生产和同业恶性竞争。因此，产业集群模式对区域产业布局优化和经济技术进步十分关键。集群企业可以很容易地找到专业化劳动力和供应商；集群内部信息流通容易获取专门信息；集群成员相互协作形成集体效率；集群内价值链不断延伸，企业共享中间产品和技术服务。产业集群可以提高企业持续创新能力，集群使得创新可视化，新技术、新产品会很快被察觉，快速扩散，增强企业快速反应能力和灵活应变；产业集群可以使企业随时决定进入和退出，风险较小，不断有新企业的进入和老企业的退出；集群内具有企业进入的各种生产要素，可以方便地利用，同时，信息的对称性方便企业融资。

（二）区域经济相关概念

1. 区域

区域是一个较笼统的概念，有时候是指行政划分的各个地域，有时候是从经济运行的角度划分的各个区域，有时候是地理概念所指的各自然区域。虽然，从经济视角来判断所属经济带是最具合理性和逻辑性的，但是实践中行政制度区域划分及后续发展的影响极大，行政力量可以通过政策导向、产业调整等方式引导区域内不同产业发展方向。因此，从行政划分的角度剖析区域经济运作的内在逻辑，更具有实践指导性。

然而现行研究成果表明，虽然从行政区域划分角度剖析区域经济现状是最具有操作性和指导性的研究方向，但是由于区域并不完全同行政区划吻合，这就使得大量理论研究不得不跨越两个甚至多个区域，基于跨区的行政协调较难实现且作用极其有限。因此，跨区研究的实践指导作用大大降低，有必要从经济规律入手，剖析经济发展的内在规律。考虑到我国公共部门调控力度较大，区域划分多以行政因素为考量，本书所讨论的区域是指行政层面的区域。

2. 区域经济空间的分类

在不同的区域内，影响经济发展的资源禀赋和要素结构不尽相同，使得经济发展结构、区域经济空间的产业模式也不相同。受地方政府行政效率及自然环境等因素的影响，依托极具地域特色的本地产业发展起来的区域经济空间也会因地域各异而各具特色，因此，不论是区域发展模式还是发展前景，就算在同种经济体制内也存在着不同程度的区别。

与产业集群一样，区域经济空间也可以按不同的标准进行分类。关于区域经济空间，常见的分类方式有两种：一是按生产要素投入程度将其分为劳动密集型、资源密集型、资本密集型等；二是根据区域空间的内在结构划分为加工制造型、资源型以及综合型三大类。当然，区域经济空间在地域、政策等多方面因素影响下呈现出极其复杂的特点，每个区域都可能在发挥某个核心作用的同时具有双重或多重作用，这时，很难简单地用上述几种类型全面概括全部的区域经济空间，可能会出现新兴产业型、商品服务一体型等同时具有多种功能的区域。因此，笼统的分类已经难以适应现行的时间发展。笔者用列举的方式将常见的区域经济空间简单地列示如下：

（1）传统农业为主型。这一类型的区域经济空间在新中国成立初期曾长期存在，目前基本已经完成了现代化转型。过去，这一类传统农业和能源工业等为主导的区域经济空间以中心地带的自然资源开采为主，生产初级产品、中间产品。产品输出以价值含量低、技术性要求不高的纯粹的原材料或简单加工后的初级产品为主，内部供应则集中于高新技术产品、基础设施等。纵向上产业结构单一，长期围绕第一产业发展，基础交通条件较差，区域内联系不够紧密，缺乏系统性发展规划，使区域实力欠缺。

（2）加工制造型。这一类型的区域经济空间是指，在某特定区域内，由于当地交通便利，对外开放程度较深，内外商贸较频繁，加上本区先天具体资源的优势及第一、第二产业的发展，促进了本区城市化进程和基础设施的完善，使得加工制造中心纷纷涌现，形成了以加工制作产业为依托的区域经济结构。

加工制造业发达的区域往往依托优越的人文社会环境，利用丰富的自然资源或廉价生产要素或国家政府优惠政策，进行加工制造、深加工等，对外输出工业制成品，对内输入原材料产品。

对较典型的加工制作业发达的区域发展历程和特色经验进行梳理，可以看到加工制造型的区域经济空间通常有几点共性：一是劳动力充足且成本较低，为大规模加工制造提供了劳动力资源；二是发展氛围良好，信息获取便捷，加工制造型企业由于产品附加值不高，区域内部竞争较小，因此企业间沟通较顺畅，集体向外发展的倾向较明显，区域氛围较和谐；三是产业基础扎实，技术实力较强，一般加工制造型区域密布大量工业区，产业发展历史悠久，有良好的前期发展基础作支撑，整体技术软实力较高，为加工制造提供了物质支持和技术支持。

（3）重工业型。这一类区域经济空间通常以丰富的自然资源或充足的原料供应为发展的依托。其中，许多产值极高的重工业基地都是建立在拥有大量的自然资源的区域（如稀土、钨矿等）基础之上的，企业围绕资源开发制造建立起完善的工业体系，确保区域交通发达，运输较便利。

自然资源既是联系这类经济空间内各大产业的天然纽带，也是各中介组织建立联系的媒介，可以判断，区域经济空间的发展与资源的供给量直接相关。由于某些资源的不可再生性，资源短缺是制约此类经济可持续发展的重要方面。市场消费需求、技术创新、人才引进等方面也会影响区域经济的发展。此类区域经济空间的交通运输系统、电网通信系统发达，重工业居主要地位。

（4）商务服务型区域经济空间。这一类区域经济空间对于生产力和经济实力有着较高的要求，同时商品服务型区域经济空间对国际市场的依赖性极强，必须以跨国企业大集团为支撑，以先进的制造水平为基础。商务服务区是产业分工形成的区域经济空间结构。商务服务区主要以现代服务业与发达工业为主，对外输出高科技产品、服务产品，向内输入工农制成品。商务服务区是数字型区域，经济活动出现集团化、跨国化形式，具有复杂的产品结构。

3. 区域经济空间结构

在经济全球化和信息化时代，政府决策层的重视和新兴城市的涌现使得地区间的竞争愈演愈烈。许多区域试图单纯增加资本存量来提升竞争力，但是单纯的资本总量增加只会在一定限度内发挥对经济的驱动作用，一旦资本存量超过合理的界限，那么根据边际效应递减原理，此时资本投入的追加只会造成更多地资源浪费。因此，必须从提高管理水平、激发知识创新潜力等角度切入，构建区域内科学的分工协作机制，结合本地实际发展状况，因地制宜，着力打造本土特色产业，通过互利合作共享区域内资源信息，大力推进内部技术转移和产业调整，不断完善本区经济增长结构，实现产业转型。

对于区域经济空间结构的概念，国内外学者从不同角度做出了解释，大部分学者均赞同区域经济空间结构是一种特定区域范围内的内部组织形式，反映的是区域内不同经济主体之间的复杂关系的总和。换句话说，可以认为区域经济空间结构从表面来看，反映的是区域内各经济主体的外在分布情况和组织关系，而本质上，区域经济空间结构强调的是内部各组成要素相互作用、共同协作同时又彼此制约的关系。区域经济空间结构是一个长期积累，不断演进的事物，会随着经济发展水平的变化而不断做出调整，它的稳定性通常是短期的、暂时性的，其变动需要较长时期。

　　从不同的经济背景入手，要对区域经济空间结构的演进进行梳理，以便了解经济结构的变迁，及时把握经济发展动态，全面应对各类潜在的经济危机。在工业经济背景下，区域经济空间的演进特点有如下几个方面：第一，极化效应与扩散效应及对应的均衡与非均衡过程的循环交替，螺旋上升过程中极化和扩散趋于均衡。第二，由点到线到面的演进过程。点线面的演进机制表现为，在极化效应的作用下，经济活动在某一节点上的聚集，会导致该处经济规模日趋壮大，发展成该区的经济中心，不断实现产业的资本积累和结构升级。在此过程中，区域内各大生产要素则会在向心力的作用下向交通沿线发展，构成经济空间的轴线，由此再向周围扩散，至此辐射成面的经济活动。第三，点线面在空间上的融合是区域经济活动在工业化过程中最高的表现形式。经济活动的点线面的推进过程，节点的极化和扩散起到重要的作用，从单一结构的经济，向辐射一个地区的区域经济演进。

　　在网络经济背景下，区域经济空间结构具有以下特点：一是网络经济使得特定区域内产生若干新的地域经济增长点。作为一种新的经济形态，网络经济依托实体经济，一批网络产业在特定区域内发展壮大。产业寻求适合自己发展的区位，优势区位又促进产业的发展，从而成为地区经济的新增长点。二是新的经济增长地带的形成。网络型经济涉及多种产业，产业之间具有明显的联动作用。在地理空间上表现为，网络与信息对产业的关联作用使得不同地域之间的产业联系更紧密。各种产业都会选择各自的优势区位，形成新的增长点，增长点之间就会形成空间上的联动。新的地域增长点和城市体系借助网络与信息产业的关联作用形成新的增长地带，进一步形成新的经济增长区域。三是由点到面的过程。传统经济背景下，受到自然环境和交通设施的限制，基于经济中心的地区经济活动局限于一定的经济范围，中心地与外围的经济活动联系紧密，但是这样的结合容易挤占原本就紧张的资源供应，加上空间上的有限很可能引发二者之间的竞争性摩擦，打破二者原有的协作关系，制约了彼此的未来发展。而网络化的经营方式则完全摆脱了空间和基础通信上的限制，不存在此种短板。通过互联网络的发展，每个中心地带与外围经济无限扩展，通过网络寻找更适合自己发展的模式。因此，在网络经济条件下，经济空间的演进不需要按照传统的由点到线再到面的过程，而是直接实现由点到面的跨越。

综上，结合不同的经济背景，将区域经济空间从低级走向高级的发展历程，分成四个阶段，具体如下。

第一，均质——低水平均衡发展阶段。此阶段处于工业化初期，生产力水平较低，以农业经济为主。大部分劳动力从事农业活动，属于自给自足的经济模式。主要特点是区域间的经济发展状况相当，没有出现不均衡的经济发展；但是也存在基础设施建设落后、城乡发展差距较大、彼此协作机制尚未建立、区域经济体系缺乏等级划分、经济主体发展规模不均衡等种种弊病。

第二，二元结构形成。二元结构最重要的特征就是区域差异化日渐凸显，经济均衡发展的状态被打破。一些地区经济快速发展，另外一些区域发展滞后，仍然处在农业经济阶段。率先发展起来的区域开始形成点轴社会经济空间组织形态。专业化分工在相对发达地区出现，等级规模体系在一些城镇形成。这一阶段之所以呈现这样的特点是因为由于工业化进程不断推进，各地生产力水平差异不断拉大。

第三，三元结构形成。与二元结构时期相比，这一阶段的特点并未发生本质变化，只是区域不均衡的差异被严重拉大，贫富悬殊现象也较明显。这就使得不同经济主体倾向于追求整体利益最大化，而彼此之间的联系也更加畅通，信息传递速度加快，人口流动频繁，经济交换繁荣，区域经济空间结构也由单核心经济向多经济核心转变，各参与企业之间的关系变得更复杂，既相互竞争，又彼此协作，城市分工和等级体系逐渐形成，大城市综合性强具有较大吸引范围。此外，不同的经济核心主导产业可能完全不同，因此区域内部功能较全面，辐射范围也不再仅限于城市，而是不断向乡村地区扩散，拉动整体经济发展，从而逐步建立起经济三元结构。

第四，区域经济一体结构形成。此阶段处于后工业时代，科学技术水平发展迅速，并且作用于经济各部门和城乡建设、国土资源开发与保护方面。现代化交通网络与通信形成，经济发展过程中充分考虑生态环境的保护。逐渐解决地区间经济发展水平的不均衡，各地区资源要素和空间得到充分使用，区域空间主体间得到有机融合。

区域经济空间边界是指某一地区实现一定经济增长所需要的土地资源要素和农村土地用地的分界线，属于地理空间的概念。从生态经济学的角度来看，区域经济空间边界是地区经济空间和环境之间的边界，生态环境所能承载的经济发展水平有限，区域经济发展与生态环境相互作用，演化边界的变化过程就是区域经济空间与生态空间的相互作用过程。综合来看，区域经济空间演化边界指的是地区经济空间利用自身资源要素及能力促进经济发展的空间界限，这种界限可以是有形的，也可以是无形的，属于经济社会的系统范畴。

各区域经济发展的历史经验证明，原材料、土地、资本投入等主导经济发展的有形生产要素决定着区域经济空间的规模变动边界，而知识储备、社会关系网络等无形的生产要素则决定了区域经济空间的能力变动边界。作为主导本区经济活动及区域经济发展方向的复杂系统，区域经济空间如果要实现经济发展目标，需要选择与这些要素相互适应的发展方式，还需具备使这些要素转化为生产的能力。区域经济空间是要素、资源和能力的载体。要素与资源一般指资本、技术和土地等一般投入要素。区域经济空间的边界是由规模变动的边界和能力变动边界的共同作用形成。

学术界对于经济空间边界的研究发展迅速。从范围经济的角度，国内学者刘兴正对经济空间边界展开研究，认为当一个城市经济空间从单一产业向多种产业结构过渡时，经济空间的边界扩大，当区域经济的产业种类降低时，经济空间边界缩小。另外，经济空间的演化依托生态环境的承载力，这是因为经济空间的演化方式和演化速度会制约区域经济空间的稳定性和发展水平，并决定城市化的进程和工业化水平的高低，而这一系列发展都离不开生态环境的支持。

区域内在资金、技术、政策等一个或几个方面具有比较优势，有利于某些产业的发展，而这些优势是不断变化的，随着条件的变化，产业结构随之调整。区域也是一个开放的系统，劳动力、资本相互流动，在区域一体化背景下，区域间分工体系形成，产业结构出现空间转移，进而影响整个区域经济的空间边界。与此同时，区域经济空间内部层次分明，等级划分较为清晰，一旦外部政策刻意地倾向某个片区或某一产业，处于较高层次的企业将会迅速做出反应，及时调整发展战略，这就很可能会引起内部竞争格局的重构。进而影响区域投资方向，导致产业结构的调整，随之改变区域经济空间的边界。

随着低碳时代的到来，对经济可持续发展的要求越来越高，建设生态型、友好型的经济空间成为发展方向。城市化和工业化发展背景下，需要加大对区域经济空间演化过程中的边界变动及影响因素分析，从社会文化驱动机制和生态环境效应角度分析经济空间的边界变动，系统完整地考虑经济空间的演化机理。

科技的变革在极大程度上解放了社会生产力，加之国际交流的频繁与便捷，无论是对微观的个体，还是宏观层面的国际经济而言，以区域为典型代表的多维空间载体都为其开启了全新的竞争格局，它们围绕着资源总量市场份额及潜在经济增长点展开了激烈的争夺。

4. 区域竞争力

20 世纪 80 年代，美国著名经济学家波特针对区域竞争优势展开了深入的研究，先后出版了《竞争战略》、《国家竞争优势》等书籍，波特的研究已经完全突破了传统的理论框架，提出了独到的理论见解，时至今日，仍旧被众多学者奉为理论经典。波特认为要取得国际市场竞争中的优势，归根结底要抓住本国特色产业，全力培育本国优势产业。此外，他还指出国内经济环境对产业发展影响深远，其中生产要素投入情况、市场需求总量、配套产业发展和同行业竞争情况四个方面对产业的战略目标实现和长远影响巨大。当某个产业在这四个方面都享有竞争优势时，该产业极有可能在国内产业结构中处于较高层次，并成为国家核心竞争力的关键组成部分。波特还特别提到了市场机遇和政府调控力度会对产业结构调整造成较大的影响。

关于区域竞争力的本质，无论是学术协会还是科研机构，都只是从各自的研究切入，粗略地给出概括性定义，没有形成统一的看法，更无从谈起揭示其本质内涵。直到 1986 年瑞士洛桑国际管理学院在其发布的《国际竞争力报告》中正式将区域竞争力定义为：国家或地区在市场竞争中享有的获得更多资本积累的能力，这种能力可能源自管理、资本、技术、人力、政策、基建等多个方面。世界经济论坛则从经济增长角度入手，指出保持本国经济高速增长的能力即为区域竞争力。

由于具体国情不同，我国学者对于区域竞争的看法与国外学者存在一定程度上的区别，部分学者认为区域竞争力就是指市场份额侧重比较优势的体现，也有一些学者指出区域竞争力强调的是某区整体实力，不仅指行政区域的 GDP 水平，还包括该地区的科技实力、社会经济发展水平以及该区的市场地位，还有一些学者则从资源配置的角度进行分析，认为区域竞争力强调的是该区的市场占有率和资源利用率的高低。综合国内外学者的研究所得，本书认为，区域竞争力是一个综合性概念，它是指保持某一特定区域在市场竞争中处于优势，实现经济快速增长的各种能力的总和。该区域可以是行政区划所指的省、市、县，也可以是国家，甚至可以是多国合作的经济区域。

在对区域竞争力准确定性的基础上，要进一步了解区域竞争力的特征和作用方式，才能更好地调整竞争战略和产业政策。综合实践可知，区域竞争中处于优势的地区要么是依托丰富的资源或是先进的生产力水平，要么是由于哪方面占据优势，都会通过开拓市场或降低成本的方式为企业创造更多的利润，增强本区的影响力和话语权，促进跨区合作的进行。

对区域竞争力深入剖析后，我们发现区域发展的原动力是内部经济实力的提升，而内部经济实力的提升仅依靠政府投入是远远不够的，必须激发民族资本的积极性，群策群力，打造极富地方特色的产业体系。从扩大内需、增加要素投入、完善配套设施等多个方面做出努力，优化区域产业结构，提高经济产值。当然，仅依靠产业发展也是远远不够的，还应当关注外部生态环境保护、公共基础设施完善、相关服务水平提升等多角度的需求。只有经济建设与生态保护齐头并进，才能实现区域竞争力质的飞跃。可见，区域不是单一的个体，它与产业、环境、中介机构等相互作用，必须对它们的相互关系做出透彻的分析，才能真正实现可持续发展。

二、理论基础

在国外，许多学者对产业集群经济现象进行了研究，如运用分工协作理论、集聚经济理论、交易费用理论、创新推动理论、产业组织理论、竞争理论等。本书需要用到的理论分为四个层面：一是区位理论，包括区位论理论和区域布局理论；二是产业组织理论；三是经济增长理论；四是交易费用理论。

（一）区位理论及区域布局理论

由德国学者韦伯提出的产业区位理论是国际学术界最早得到经济领域学者认可的以产业区域布局为主要研究对象的理论研究。他在自己的学术著作中探讨了区域产业集群的成因和优势。围绕如何实现企业成本费用最小化，韦伯对集聚效应做出了全面剖析，他指出，只有在确保成本最小的区域形成的集聚才能称为具有区位竞争优势的产业集群。成本的降低既可以通过集群模式下市场交易成本的节约和市场运行效率的提高来体现，也可以通过基础设施共享带来的支出的减少来实现，还可以通过劳动力成本和技术获取成本的缩小来体现，甚至可以表现为融资方式增加且融资风险共担等因素带来的筹资成本的下降。这些方面对产业集群区域而言，既是集群模式的优势点，也是集群形成的主要驱动因子。在此基础上，韦伯对区位选择进行了更透彻的分析，结合各大集群区域的产业发展实际，他认为，从运输成本和原料投入来看，以产业集群为基础而形成的区域经济体系的功能会远远大于分散布局时企业竞争力的总和。

这也就意味着区域内产业集群的演进可以提高经济运行效率，取得"1＋1＞2"的超额收益。

"二战"结束以来，工业发展成为了众多国家的核心竞争战略，新产业区位理论在此背景下应运而生。学者们从宏观环境角度切入，认为决定某一特定区域产业竞争力的根本因素是区域内部组织结构关系与外部人文背景和自然环境，而非本区物质基础或企业总量。学者们在对硅谷、德国典型工业区域和意大利工业中心进行研究后得出，新兴产业区位理论认为某一特定区域真正取得竞争性优势的原因是由于这些地区为产业发展提供了有利的发展环境，如金融扶持、人才输送和资源供应等多个层面。

（二）产业组织理论

产业组织理论研究的鼻祖是马歇尔，他在20世纪初发表了《经济学原理》一文，首次正式提出了组织这一概念，他指出组织的概念包括三个层级——企业内部组织关系、企业之间的组织关系以及产业之间的组织关系。在此基础上，亚当·斯密在其经典著作《国富论》一书中以现行资本市场的经济活动和产业结构为研究对象，初步建立了产业组织理论的研究框架，为后续研究奠定了理论基础。此后，以罗宾逊为代表的经济学家们从竞争理论的视角切入，开展了大量的实践模拟研究，从垄断竞争、完全竞争及有效竞争的理论体系中汲取了大量先进研究成果，建立了完整的产业组织理论体系，用来分析产业组织形式对市场结构、市场运行效率以及经济主体行为的正反作用。这些学者们的理论成果为政策制定者广泛推崇，导致在很长一段时期内产业政策的制定以及区域战略的调整都以产业组织理论作为科学性指导意见。近年来，产业组织理论结合时代背景与行业发展，内涵得到了丰富，在此基础上学者们通过研究得出了更多时效性强、指导意义深远的理论成果。借助古诺模型、纳什均衡等经济学模型的研究经验，现代产业理论充分考虑了信息传递、行为博弈、技术转移等产业集群模式具有的突出特性，在研究中围绕产业结构和社会关系多方面展开探索，在研究产业集群的形成与演进等方面做出了突出贡献。

（三）经济增长理论

1950 年，学者佩鲁在分析经济空间时提出了经济增长这一重要概念。他对产业的关联关系、集群模式的外部效应以及区域经济优势的形成展开了深入的研究，佩鲁指出，增长是不均衡的，在特定区域内，不同地点的增长时点和增长速度可能完全不同。一般情况下，经济增长是一个以点带面的过程，最初的增长点仅有一个或几个而不是全部地点同时增长，当这些优先发展的地带增长到一定程度的时候，外部性就会充分发挥积极作用，经济增长力将会通过各种方式向外部传递，最终引起整个区域的综合性增长。佩鲁将这些特定的经济增长点称为经济增长极。

为了了解经济增长极的形成原因与内在规律，佩鲁对多个集群区域的优先增长地的竞争优势和先天条件做出了调查后发现，区域经济增长极多为技术水平较高或者创新活力充足的地区，由于这些地域极其富有生产活力和竞争基础，经济增长往往由此迸发。与此同时，佩鲁从区域比较层面研究了不同产业的经济增长经验，发现不是所有的产业都可以实现这种以点带面的经济增长，只有在那些自身增长能够带动关联产业发展、引发连锁效应的产业才能够引领本区的经济增长。

佩鲁的增长极理论为实务操作者广泛接受，并受到了许多地方政府的青睐。在制定本地的产业发展政策时，地方政府有目的性地扶持那些能够引发连锁推动效应并符合地方实际的产业，为其提供资金上的帮助和技术性的指导等，以期发挥这些产业在带动产业发展、推动本区域经济迅速增长方面的关键作用。

（四）交易费用理论

著名的经济学家科斯在发表的《企业的性质》一文中认为，企业是作为市场的替代物而产生的，并通过形成一个组织来管理资源，可以节约市场运行成本。科斯提出交易费用理论并用它来分析了组织的界限问题，其目的是，说明企业或其他组织作为一种参与市场交易的单位，其经济作用在于把若干要素所有者组织成一个单位参加市场交换，这样减少了市场交易者单位数，从而减少信息不对称的程度，有利于降低交易费用。科斯运用交易费用理论较好地解释了产业聚集的成因。他认为，由于产业集群内企业众多，可以增加交易频率，降低区位成本，使交易的空间范围和交易对象相对稳定，这些均有助于减少企业的交易费用同时聚集区内企业的地理接近，有利于提高信息的对称性，克服交易中的机会主义行为，并节省企业搜寻市场信息的时间和成本，大大降低交易费用。

第三章　产业集群与区域经济空间耦合机制研究

耦合是指两个或多个系统之间通过相互作用彼此影响甚至协同作用的现象。本章分三个部分：一是产业集群与区域经济空间的耦合概述，解释了产业集群与区域经济耦合的具体概念；二是产业集群与区域经济空间的耦合机制，从结构、发展、技术、社会网络四个层面介绍了产业集群与区域经济空间耦合机制的具体作用；三是产业集群与区域经济空间的耦合机制作用分析，系统地介绍了产业集群与区域经济空间的相互作用以及耦合对区域竞争力的促进作用，为后续章节的实证分析奠定了基础。

一、产业集群与区域经济空间的耦合概述

（一）产业集群与区域经济空间耦合的含义

1. 耦合

耦合是物理学中的概念，是指两个或多个系统之间通过相互作用彼此影响甚至协同作用的现象。这些由各子系统组合而成的系统间彼此依赖，形成良性循环，共同实现优化升级。以生活中常见的

弹簧为例，当我们拨动其中任何一端时都会引发振动，且振动时此起彼伏，相互影响，这种相互作用情况称为单摆耦合。我们对耦合的概念做出延伸，将社会科学领域满足特定条件时会相互作用，共同促进的两种事物的那种关系称耦合关系。

从耦合的内在含义来看，耦合的主要判定标准有三个方面。一是耦合是一个整体性概念，耦合的各个参与主体相互结合并形成一个全新的有机整体。二是耦合以内在联系为基础，即耦合是动态的概念，内部各个元素存在这样那样的联系，毫无关联的元素并不能称为耦合。三是耦合具有能动性，在耦合系统中，原有的组织架构被拆分，过去的作用机制已失效，各元素重新组合，充分发挥能动作用，促进良性耦合。

2. 产业集群与区域经济空间的耦合

产业集群与区域经济空间之间的子系统相互作用，彼此影响的过程可以定义为产业集群和区域经济空间的耦合，至于二者之间的耦合度，则取决于产业集群与区域经济空间相互作用及影响的程度深浅，其大小反映了区域经济作用强度和贡献程度。产业集群是在特定区域内，大量相关企业及支撑组织在地理空间的集聚，进而形成竞争优势，促进经济快速发展。

当前，地区间的经济发展差距变大，在全世界那些快速发展的成功地区，产业集群和区域经济空间形成良性互动，协同发展，即产业集群促进竞争优势的形成和经济的快速发展，同时，区域经济的发展又作用于产业集群，为产业集群的发展提供良好的条件和支撑。

产业集群的发展由三个关键的子系统组成：技术创新系统、内部网络系统和演化系统。子系统之间相互影响、相互依赖。其中，内部网络是产业集群发展的基础，技术创新系统是集群演化的核心力量，至于产业集群的成果则通过技术进步、规模扩大等硬性指标来衡量。区域经济空间的运动是由区域创新系统、区域发展系统和区域网络系统构成。其中，就区域经济空间而言，其发展壮大的前提是发达的局域网和健全的创新机制，其发展的终极目标则是国民生活水平提高，就业机会大大增加，区域综合实力大幅提升。所以，区域经济空间和产业集群的耦合表现在产业集群的三个子系统和区域经济空间的三个子系统之间的相互作用和相互影响的过程。

基于此，笔者将产业集群与区域经济空间的耦合定义为——在集群生产及演进的历史进程中，产业集群与区域经济空间彼此促进，相互渗透的现象。

从经济活动的发展过程来看，这二者耦合的外在表现主要集中于两个方面：一是区域经济对产业集群演进的推动作用。利用资源优势和地域特征以及宏观调控等方式，区域经济进一步推动着产业集群的形成与演进，同时也为产业集群的发展提供载体和依托。二是产业集群反作用于区域经济实力的提升。产业集群模式不仅深化了分工协作制度，还刺激了企业技术加快更新换代，为区域经济注入了新活力。

（二）产业集群与区域经济空间耦合的形成

正如前文研究所得，产业集群是一系列复杂因素共同作用的结果，而产业集群与区域经济空间耦合的形成也是主客观、内外因等统一作用的结果。要深入分析产业集群与区域经济耦合的形成历程及其内在作用机理，必须抓住专业化分工这一本质驱动因子，全面剖析经济效应的形成与作用形式。

一方面，为了追求更低的交易费用和规模经济效应，企业倾向于增加产品数量，同时提升产品价值含量。企业会自发地选择集中力量办大事，将成本高、收益低的工序外包或转让给其他企业完成。这就加快了专业化分工协作体系的形成，促使了产业集群飞速增长。

与此同时，必须强调的是随着分工不断细化，企业间交易次数不断增长，单次的交易费用很难再降低或者保持在较低水平。此时，整体的交易成本上升，分工的优势难以体现，经济效应也就得不到发挥。在这种情况下，产业集群很快面临着瓦解的风险。此时，有战略眼光和远见的企业家们就会将眼光投向集群区域以外的交易市场。为了节约运输成本和共享基础设施，企业数量将不断增加，产业集群的规模亦会迅速扩大。专业化分工向更深的层面延伸，辐射范围也较广，产业集群的集聚效应就会充分释放，并进一步助力经济总量，增加区域软实力的提升。

另一方面，结合理论部分的论述可以得知，产业集群与区域经济耦合效应的实现有赖于提高效率、降低成本。一般而言，成本的降低主要有两种方式：一是调整组织架构，进行流程再造。这种方式会在一定时期内发挥作用。但是随着市场规模的扩大，现有的产品种类已经难以满足消费者的不同需求，一味进行流程再造并增加产品种类不仅难以降低企业成本，还会使企业难以存续。这时候，专业化的生产企业便应运而生，它们分布在产业链的不同工序环节，集中生产某一类零部件，彼此协作便形成了产业集群。二是规模化、标准化生产。但是市场总量会不断扩大，单个企业的生产力有限，此时，企业间便会共同合作，集中在某一特定区域，形成产业集群的雏形，发挥规模效应。

经过长时间的变迁，当产业集群模式处于较成熟的阶段时，其与区域经济空间的耦合效应也在继续发挥着作用。这是因为：产业集群具有自我提升的特性。集群形成以后，纵向上，大企业会不断向中小企业传播技术和组织理念，并将价值含量更低的产业转移，以较低的成本获得更高的收益。横向上，同一竞争层面的企业间会通过知识的共享和技术的切磋不断促进创新，扩大市场份额，培养出具有本群特色的专业型、高性价比的产品，开辟新的产品市场，把蛋糕做大，带动相关联产业的发展和区域实力的提升。

进一步对产业集群与区域经济空间耦合机制做出分析，可以看到，中小企业集群是产业集群的地理特性也是形成的前提。当特定产业集群成型以后，与该产业有关的其他产业，如交通运输也、旅游业、通信服务等领域的企业组织出于灵敏的市场嗅觉，在利益驱动下也会自发地向该产业集群靠拢，不仅健全了该集群的内部功能，更扩大了该集群的辐射面积，形成了本书所述的区域产业集群。换言之，区域产业集群是建立在特定产业为核心的产业集群基础上的，也就意味着，区域经济发展是以产业集群的实力扩张为前提的。具体来看，于产业集群而言，其竞争优势的形成本质上是源于内部企业的分工协作和整体规模效应的发挥。于区域经济而言，其综合实力的提升是各产业集群共同协作的结果。各集群相当于区域内不同的功能模块，其外部规模经济就是区域的内部协作效应，区域经济是产业集群发展到更高阶段的产物。因此，区域经济空间与产业集群耦合的关系实质上与集群内部的各企业相互促进的关系并无太多实质性区别，都是建立在分工协作基础之上的内在作用机制。

综上所述可知，产业集群也好，区域经济体系也好，都是经过长时间积累、内部各子系统相互协作演化而成的复杂系统。专业化分工的深入一方面为产业集群提供了良好的协作方式——功能明确、互相联结，另一方面促进了标准化生产的实现，解放了传统劳动力，为研发投入的增加做了充分的准备。此外，尽管产业集群内部企业间功能分类齐全，但这是从产品角度来看的，从整个经济效应的发挥层面来看，要最终实现财富积累和人民生活水平的提升，首要任务就是落实区域发展战略，因此，必须致力于完善配套产业和公共基础设施建设，充分发挥政策的导向作用，积极引导人力资源加强流动，鼓励企业锐意创新，发挥产业集群的领头羊作用，利用好制度优越性，推动区域经济与产业集群协调发展，全面提升区域经济水平。

二、产业集群与区域经济空间的耦合机制

分析产业集群的核心包括三个层面：一是集群内部各企业组织的内在联系；二是不同产业间的相互作用；三是企业组织与相关组织间的利益关系。在一个特定区域内，一旦出现一个新兴产业或企业，当产业集聚力足够大时，将会出现与之相关的原材料、部件配件、产品包装、销售端和消费者，以及产业链相关支撑体系以新兴企业为中心集中，在特定地理空间上分布集中，形成产业集群。

集中于区域内的企业通过竞争和协同作用，形成规模经济和范围经济。正是由于产业集权所表现出来的规模经济、范围经济及溢出效应，带动整个地区的经济发展。换句话说，产业集群与区域经济空间二者密切相关，其发展历程与演变轨迹基本上是同步的，也是协调发展的。

从区域层面来看，区域产业的耦合必须遵循区域和产业两个维度的内在要求。即区域产业耦合一方面有既定的作用范围，它的地理辐射区域是有限的。另一方面，区域产业耦合必须符合该产业集群的内在特性，与其同步发展。只有做到了以上两点，区域产业的发展才有可能突飞猛进，实现质的飞跃，助力经济增长。

（一）产业集群特征与区域经济空间结构的耦合

依前文所述，包容的文化环境是产业集群形成的四大诱因之一，而政府作为宏观调控的主体，在产业集群的动态演进过程中扮演着重要的角色，因此，作为区域经济发展的核心力量，产业集群的特性与区域特征具有不可分割的联系。区域经济空间结构是特定区域内的经济活动和活动主题的空间集聚状态，这种状态是区域特征的表现。产业分布与信息传播、交通运输等距离有关，在信息技术和通信技术迅猛发展的今天，地理上的距离渐渐被空间上的距离取代。但集群的地理空间的集聚特性是不变的，集群特性与区域特征的关联性也是不变的。

1. 产业集群与区域经济空间形成过程的区位因素耦合

区域经济空间形成过程中涉及自然因素、劳动力因素、市场因素、行为因素、运输因素和社会因素等。工业化历程表明，尽管产业集群和区域经济空间的状态具有黏性，不易改变，但长期来看，由于区位因素的改变，两者也会随之变动。成本学派和市场学派针对产业集群的形成过程，提出自然、市场和交通运输等因素对产业集群的影响。

行为学派认为心理等决策因素同样影响产业集群的形成，在产业集群形成因素中加入社会因素的作用。新古典区位理论指出产业集群的区位选择过程，是企业等经济活动主体追求效益最大化的结果，选择可以达到效益最大化的产业区位。同时，企业家精神、区域经济社会环境对产业集群和区域经济空间的形成产生影响。总之，以自然条件、交易市场、基础交通为主的区位因素是产业集群形成的物质保障，也是区域经济空间形成的先决条件，基于此，从区位角度探讨产业集群和区域经济空间耦合是有意义的。

随着经济全球化的不断深入和信息知识时代的到来，社会生产方式发生天翻地覆的变化。区位特征的表现形式也不断发生变化，由最原始的自然禀赋、交通运输等硬条件因素到社会经济体制、人文环境和政府政策等软条件因素倾斜。不管区位因素内容如何变化，不可否认区位因素对产业集群和区域经济空间形成过程的作用和影响。

2. 产业集群的根植性和区域经济空间区位特征的耦合

克鲁格曼曾说过，企业最初选择区位时会有一些偶然因素。但是无论最初的区位选择是偶然因素造成的，还是综合各种因素的理性化选择，都会使企业对原有区位产生依赖。由于转移成本的存在，尽管随时会有迫使企业转移位置的因素出现，企业也不会随时根据情况变动位置。

"根植性"一词来源于社会经济学，含义是经济活动深深嵌入社会关系中。产业集群中的企业不仅表现在地理上的集中，更重要的是它们之间具有很强的地域联系，这些联系不仅是经济上的，还表现在社会、文化、政治等方面。具体来看，产业集群的根植性强调的是长期传承的结果，既包括认知和地理位置上的延续也包括组织形式、管理制度以及生产工艺等方面的继承。这一特征在以手工制造为基础的传统型产业集群和内生式产业集群中表现得尤其明显。

从认知角度看，产业集群内的价值统一在很大程度上取决于人民生产生活经验的积累。产业集群的发展促进区域文化的发展。区域内的认知经验包括深厚的地方文化传统、行为习惯、信仰价值和道德观；不可言传、非规则化的知识，孕育企业家精神。区域的认知经验会使集群企业间的观念契合，容易达成共识，形成协同优势。

从地理位置的角度看，企业选址都会考虑资源供应的便利性，资源的稀缺性使得企业向生产要素丰富的区域集中，所以地理根植性首先表现在区域资源禀赋上。集群区域的社会环境、经济环境、政治环境、法律环境等，都会赋予产业集群地理根植性。

从集群内部的组织形式看，产业集群组织根植于产业整体层面，指本地集群组织性质和结构。区域企业的组织水平是集群价值链的质量保证，决定了它的效率和能力水平，在范围经济和规模经济的作用下，保证了集群效应水平，是非集群区域所不具备的。

从集群的制度层面看，产业集群的制度分为正式的和非正式的。正式的制度有法律法规等形式，非正式的则由社会习俗和一些默认的不成文的规则及惯例构成，制度的存在可以降低交易成本。产业集群制度根植于区域不同层次相互连接的社会、金融、政治结构的组合，制度根植保证集群经济体系运行的效率，减少经济活动中的不稳定因素。

从集群的社会性分析可知，产业集群社会根植性的存在利于孕育区域社会资本，加强区域的凝聚力和归属感。社会资本指网络、规则、信念及文化制度，是一种经济资源，不是天然存在的而是经济历史演化逐渐形成的。产业集群网络内技术人员的流动和新知识的传播将产生更多的技术知识，使区域溢出效应和协同效应优势明显。

所以，由经验、制度、资源、组织、社会、文化等要素相互作用形成的区域经济空间的区位特性是区域经济发展的重要前提，它们的存在在很大程度上促成了产业集群路径依赖的空间特征的形成，即所说的产业集群的根植性。

3. 产业集群的集聚性和区域经济空间的集聚力的耦合

产业集群是由产业链上相关企业和相应支撑组织机构在特定区域内的集聚形成的。企业根据行业特点在区域内集中，地理空间上接近，相关经济活动聚集。地理空间的接近，有利于知识传播和信息共享，尽管通信技术的发展在一定程度上减少了对地理距离的依赖，但一些无形的知识依然会引起集群内外的信息不对称。企业间在地理空间上的聚集，通过专业化分工和生产极大地降低生产成本，对应配套设施体系趋近完善，降低企业交易费用有利于社会资本的形成。

根据经济学模型的研究结果，经济空间长期均衡的决定性因素包括两个方面：一是市场聚集力；二是企业竞争力。前者的形成是由于市场距离的远近影响企业未来战略调整的灵活性并决定了企业运输成本的高低，这就促使不同的企业组织自发地以市场为中心，不断聚集。后者的形成主要是同业竞争的结果，在企业集中度高的区域，竞争强度大，限制企业的效益，促使企业在地理空间上均匀分布，称为扩散力。市场聚集力与企业竞争力相互作用，此消彼长，保证了经济结构和企业布局在一定阶段的稳定性。市场聚集力对经济空间的作用主要体现在规模效应和价格指数效应两个层面：一是市场规模的扩大会引起经济活动的不断集中，而进一步促进区域集群化；二是本区经济活动的集中会增加供给，降低相对价格指数，在名义收入不变的情况下，货币的实际购买力会上升，这就会使本区居民生活水平提高，吸引更多企业和个体居民聚集。如此循环积累，使得经济活动向该区域集中。初始时经济活动对称的两个区域，随着贸易成本的下降，区域间的非对称性就会出现。由赫克歇尔—俄林定理我们知道，随着地区间贸易成本的下降，会导致密集使用本地区相对丰富资源进行生产的部门专业化。

在区域经济发展过程中，围绕着基础设施会形成产业集聚带，由于地区经济发展的不平衡，点—线—面空间结构演化过程的动力机制，在经济发展水平的不同阶段，所形成的区域经济空间结构表现出不同的特征。产业集群在地理空间上的集聚性与区域经济空间的集聚力，构成区域经济发展的基本形式。区域经济空间的集聚力表现为以面为基础，借助轴的传递，形成集聚中心点。在这个基础上，借助轴的纽带作用，产业链上、中、下游相关企业以及配套企业在空间上不断靠拢即形成了集群，在此集群内部的企业在区域经济空间内地理位置接近，经济活动密集，构成区域经济系统。所以，产业集群的集聚性和区域经济的集聚力具有耦合关联。

（二）产业集群演化与区域经济空间发展的耦合性

区位因素是地区间经济发展不平衡的重要原因，产业集群本身具有根植性，一旦在某一地区形成集群经济，那么就很难改变和复制。产业集群本身所具有的特性，如区位特征、资源共享使得集群企业具有集群外企业无法获得的优势。在此基础上，当这些原本就处于竞争优势方的企业自发性地向某一特定区域靠拢，除了能够增强企业竞争力和集群效应以外，从整个区域综合发展的角度看，处于同一地域的产业集群与区域经济在演化模式上具有一定的偶发关联性，因此，这些产业集群对于本土产业结构化升级以及综合实力的提升举足轻重。

在产业集群内部，产业链上的相关企业或对应配套体系，都具有专业化分工，降低了因加工程序的烦琐造成的成本，有效提高生产效率。由于产业的高度集中，一方面，现有的交易机制和市场容量已经难以满足现行的生产规模和交易频次，为适应当前的竞争强度，市场机制将会不断完善，以期提高运作效率。另一方面，企业间的竞争使得产业效率和活力得以保持，区域竞争实力的提升有赖于生产效率的提升和交易机制的健全。结合国际上产业集群的实践经验可知，产业集中度越高，产业的竞争力越强，区域竞争力越强。所以，产业集群的形成与发展、兴盛与衰退都与区域经济发展密切相关，相辅相成。

1. 演化动力的耦合

产业集群演化的内在动力是自组织行为，产业集群类似一个自我调节良好的有机系统，集群构成主体开放的不断演化的过程决定了集群的存续全过程。换言之，产业集群的形成及后续发展均可以视为自发性行为。

（1）产业集群包含多层次组成要素，包括关联性很强的企业，还有产业链上游供应商、中间制造商和下游经销商和消费者，以及对应的支撑系统，包括政府、金融机构、咨询中介机构等。

（2）产业集群内部要素流动频繁，其外部组织或个体的信息互通及生产交流也随着集群规模的壮大而日渐增多，据此可以认为产业集群具有开放性，它通过频繁的商品、服务和信息等方面的交流，形成本地化网络，进而进行区域间的贸易往来和交换。

（3）产业集群是区域经济活动由均衡状态向不均衡分布转变的结果，这是因为：一方面，产业集群内各个部分是一个动态的过程，产业集群内的企业之间、政府与企业之间都存在不平衡；另一方面，产业集群内部一直处于一种活跃的状态，集群内的要素随着环境的改变而改变，是一个不断演化的过程。

（4）产业集群包含众多子系统要素，由于正负反馈机制的存在，子系统内的变化可能会对产业集群整个系统起作用，对产业集群的稳定性产生影响，进而改变产业集群发展和演化方向。

一般而言，成形的区域经济空间结构在一定时期内会趋于稳定，但是这种稳定通常只会保持较短的一段时间。这是由于区域经济空间内的知识、技术以及信息等要素会随着区域内各主体的生产活动的进行而不断调整要素总量或变更传播渠道，这就导致区域经济空间组织关系的变动和经济空间结构的调整，最终形成新的区域经济空间体系。我们将上述变化的过程称为区域经济空间的演化过程。引起该类区域经济空间稳定性下降的变化过程中需要的动力支持本质上是源于空间内部，同时也会受到国家管理部门借助宏观调控手段，如财政政策及货币政策等因素的影响。在内外力的共同作用下，经济空间内的各类经济活动和生产要素分配均受到影响而不做出自发性调整，即文中所述的演化过程。

而区域经济空间内部人力资源和生产技术等生产要素的变化都会对区域经济空间结构的演化过程造成较大影响。受益于区域内经济主体交流日渐增多及企业专业化分工协作体系的不断完善，区域经济空间结构会持续做出适应性调整，并进一步为区域内各大产业集群搭建起覆盖面广，联系紧密的社会关系网络，形成网络型现代集群区域。如果将产业集群区域的经济空间结构归因于企业标准化、规模化集中生产模式的推广，那么可以认为产业集群的动态演进与区域经济空间之间相互作用，形成了耦合机制。

2. 产业集群与区域经济空间的形态的耦合关系

产业集群的形成是内在和外在、市场和政府等因素共同作用的结果，产业集群的形成根据主导因素和驱动力量的差异、生成路径和发展的不同可以分为内生型、外生型和高新技术型产业集群。

与产业集群不同的是，区域经济空间强调的是内部各经济主体之间的各种社会关系的总和，而不是产业发展的模式或产业现状。区域经济空间体现的是内部要素的关系，自然是多种多样并经常变化的，因此，区域经济空间是复杂多变的。一方面，受内部各经济活动主体间彼此关系的影响力，区域经济空间的组织关系极不稳定，涉及面极广，包括就业、基础交通、土地使用等多个层面的组织结构。另一方面，区域经济空间是动态的而非静止的。区域经济空间长期处于演进过程中以期确保与内部经济活动相配套，一旦区域经济空间难以满足经济活动的开展条件，整个区域经济就可能停止增长。可见，内部经济活动对区域经济空间起决定性作用，而区域经济空间又会反作用于内部经济活动。区域经济空间能否匹配区域经济活动依赖区域经济形态的构成要素的相互关系，也就是各经济主体的组织形式与内在关联。

通过分析产业集群和区域经济空间形态，我们可以对二者之间的耦合机理和耦合作用进行更全面的分析。从产业集群的生产路径着手，明显可以发现以传统产业为核心的内生型产业集群具有较深的地域根植性，这种以集群内各经济主体彼此信任作为基础发展而成的区域经济空间形态比较简单，表现在企业交通网络周围，围绕生产要素发展。外生型产业集群依赖地理区位优势、优惠政策形成产业带，区域经济空间结构表现在相关产业聚集，劳动力集聚等形态。高科技产业集群使得区域创新网络的集中、产业链的区域关联，实现区域技术扩散促进产业结构升级。

（三） 集群创新与区域创新的耦合关系

纵观国际产业的发展经验，产业集群是非常普遍的现象，国际上具有较强竞争力的产业基本是集群模式。由于产业集群内的企业和相关机构聚集在特定区域，存在创新的条件和环境，当经济活动主体间的创新活动能形成网络或系统，产业集群与区域经济空间就构成必然的联系。

区域创新体系为本区企业及其他非企业组织创造了良好的交流环境，畅通了内部信息传递、知识传播及技术扩散等方面的各类渠道，有利于现有技术的推广更新和新技术的研究开发。因此，通常较健全的区域创新体系拥有较强的创新实力和创新条件，本区的专业技能也往往处于较高的水平。集群模式在一定程度上具备了区域创新体系在激发创新活力方面的优势，产业集群创新与区域创新的耦合主要体现在地域、结构、功能、目标等方面。作为区域创新体系的重要组成部分和创新体系的活力元，产业集群以其多样性成为区域创新体系构建的重要方式之一。

当然，除了对区域创新体系的作用大之外，就其自身而言，产业集群创新也有着十分明显的特点：①互惠共生性。某一个企业很难凭借自己的力量使得知识产业化。为了规避风险、缩短时间，集群内的企业从事创新价值链上的某一环节的工作，实现专业化分工生产。②竞争协同性。集群创新是企业永葆活力和敏锐的战略眼光的大前提，而创新通常离不开集群内部的分工协作，也离不开集群企业的内部竞争，这种竞争具有协同效应，为合作奠定了坚实的基础。③根植性。集群创新具有较强的关联性。④资源共享。许多相互关联的企业集中，实现资源信息共享，互为创新成果的受益者。

产业集群促进企业创新。创新表现在观念、管理、技术和环境等诸多方面，产业集群给企业提供良好的创新环境。企业彼此邻近，会受到隐形的竞争压力，迫使企业进行技术创新和组织管理创新改进。由于竞争和挑战的存在，以利益最大化和市场占有率提升为追求的集群企业为了满足市场需求，将会从设计—生产—包装等多个环节做出改进，锐意创新，以求扩大竞争优势。此外，创新具有溢出效应，知识创新很容易传播到区域内的其他企业，企业之间通过参观访问和交流，快速学习到新知识和新的管理理念。

在集群区域内，由于企业间距离较近，信息的传递和思维的碰撞具备了良好的交流环境和沟通渠道，因而企业间的合作日趋紧密，技术转移得以迅速实现。形成知识的溢出效应，加强企业创新能力。产业集群有利于知识和技能的转移扩散，产业布局高度专业化，空间的邻近不仅有利于显性知识的扩散，也可以加强隐性知识的流动。

与此同时，区域创新体系的建立有助于提升内部信任度，激活竞争态势，促进分工合作与技术推广，降低了产品研发生产环节的成本，为集群积累了更多财富。

区域经济的创新过程强调一个区域的制度和文化环境与创新的相互作用过程。广义而言，区域创新体系是一个集社会生产力创新、区域文化创新等多个维度创新的集合体，它的创新往往是以分工协作联系紧密的企业或科研机构等组织为基础的区域组织体系层面的创新。区域创新还具有以下突出特点：①地域性。描述对某一特定区域的产业现象。②多元性。是指区域经济空间中包含着不同组织形式的多种经济主体，如社会团体、盈利企业、公共部门、科研机构等，呈现出多元化的特征。这些经济活动主体间的联系与交流关系区域经济空间的创新体系。③网络性。创新是主体间的竞争和协作过程，系统要素间的相互作用是区域创新的关键。④邻近性。企业间的地理邻近性加快信息和知识的传递，增强技术溢出效应。⑤政策性。创新政策在区域创新体系中具有重要的作用。

区域经济空间的创新体系是指在一定区域范围内，新的区域经济发展要素加入区域经济系统，创造出更有效的资源配置模式，实现新的区域经济功能，使得经济资源更合理利用，提高区域创新能力，促进产业结构升级，进而实现经济的跨越式发展。区域经济空间创新体系是一特定区域内和社会经济文化条件下，各种主体要素和非主体要素以及组织各要素之间关系的政策和制度所构成的网络，通常是由经济活动主体、创新主体和创新环境的联系和运行机制组成，旨在推动区域技术创新和新知识的产生。

区域经济空间创新体系的特征包括：①是一个由各相关要素组成的有机系统，不是孤立的创新组织或机构。②从功能和组织结构上来说具有可分性，能够分解成不同功能的子系统。③重点在于技术研发、扩散和产业化。产业集群的创新网络如图 3-1 所示。

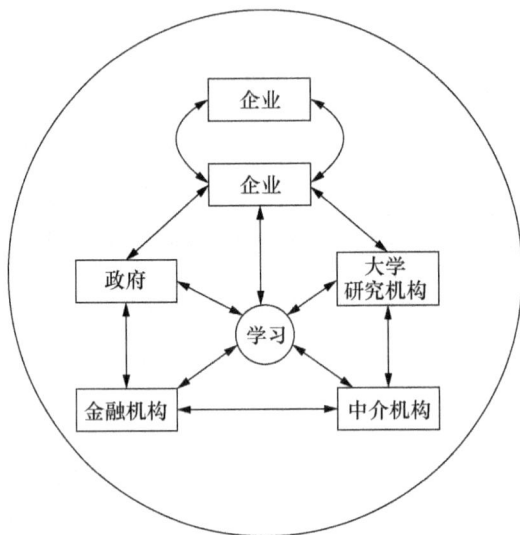

图 3-1　产业集群的创新网络

区域经济空间创新体系作为一个网络组织体系，为区域经济增长创造了良好的要素传播渠道，有利于挖掘众多潜在的经济增长点，用创新思维推动技术变革和理念转变，为区域经济一体化发展打下坚实的物质基础，充分发挥创新体系对协调产业发展、激发经济活力方面的关键作用，最终实现区域竞争力的大幅提升，带动全区经济水平的提高。

区域创新可以优化创新资源，提到创新能力，保证区域内经济增长质量。区域创新可以提高企业自身对技术的消化能力，有利于企业逐步提高创新能力，使得区域内新产品和高技术产品不断涌现。创新体系可以为企业提供创新服务，帮助技术转移和知识传播，能够更快更有效地发挥应有的作用，促进区域经济规模效应的发挥。区域创新体系还可以为经济建设培养高素质的创新型人才，保证经济建设的智慧库，能提高企业对市场变化的灵活性和应变能力。

创新不是某个企业的孤立行为，企业在创新过程中不断与外界进行联系和交流，所以，研究企业创新需要把企业放在所处的经济空间中考虑，企业创新能力对集群整体和整个区域经济空间的创新都有密切的关联。正是在这种背景下，产业集群创新在技术创新领域受到广泛关注。理论和实证研究表明，产业集群的最主要优势包括集群创新效应。产业集群内部的企业和相关机构聚集在某一区域，存在创新的条件和环境，如果各经济活动主体间的创新活动以网络形式出现，产业集群创新系统就必然与区域经济空间的创新体系具有耦合关联性。

第一，创新体系具有地域关联性。产业集群创新与区域经济空间创新要在一定地域范围内考虑，往往得结合历史条件和地域特性，与产业特点相结合，具有显著的地域性。

第二，结构关联。企业、科研机构和中介组织等创新主体具有很强的重叠性。产业集群创新主体是企业群和相互联系的企业网络组织。一般区域经济创新体系的创新主体（如政府部门、科研院校等）往往也是本区产业集群的创新主体，一定程度上直接或间接控制或影响着产业集群创新体系的形成及完善。主体间的联系网络，是产业集群创新体系和区域经济空间创新的共同因素。另外，区域内共有的知识、技术、人才、市场和基础设施等要素本身就是构成区域经济空间的重要因素，同时也是产业集群创新形成和发展的原因。

第三，功能关联。区域经济空间创新的主要功能就是推动新知识和新技术的产生、扩散和应用。形成产业集群创新体系主要通过构建有效的区域合作网络，促进新知识和新技术在本地的传播和应用。因此，产业集群创新和区域经济空间创新在新知识和新技术的扩散方面具有耦合关联性。区域经济空间创新体系利用政策倾斜、技术扶持等多个层次手段推动本区经济主体增加良性互动，加快内部创新要素的流通，积极搭建创新平台。这为产业集群的技术性提高和知识存量增加创造了前提，有利于企业间交流协作的开展，从这一方面讲，促进区域内的新技术和新知识的产生、扩散和应用是产业集群创新和区域经济空间创新共同的功能。

第四，目标关联。整合区域内外各类资源，优化资源配置，合理调整产业布局，鼓励产业转型升级，通过培养本区创新优势增强区域竞争力是区域经济空间创新体系的根本目标。而产业集群创新体系的构建是为了促进产业与区域经济的良性耦合，利用地理集聚带来的规模效应和范围效应，大大降低了交易费用，通过专业化分工的深化，着力减少企业生产浪费，节约企业成本，提升产业利润空间，这与区域经济空间创新体系的目的紧密相关。产业集群创新是区域经济空间创新的有效途径，产业集群新技术和新知识的产生，可以为区域经济空间提供动力和参考性范例；反过来区域经济空间创新则为产业集群创新提供了更包容的外部环境，有利于创新思维的培养。

（四）产业集群与区域经济空间社会网络的耦合关联

产业集群是在空间上接近的相互关联的企业或支撑机构围绕产业价值链所形成的垂直分工、水平竞争网络，产业集群并不是众多企业在地理上的简单集聚，更重要的是它们之间建立的竞争和协作网络，促进专业化分工体系的形成，最终提高区域竞争力。产业集群具有社会网络的属性。从社会学的角度看，经济行为具有社会网络结构，嵌入特定社会结构、人际关系之中的经济活动才是现实经济社会所接受的。区域经济空间社会网络是区域内相关个体连接形成的整体，是主体获取信息、资源、社会支持的机构网络。

社会网络的一大优势是使得产业集群内部和区域经济空间内的信息交流通畅，无论是产业链上游供应商还是下游经销商或消费者，借助信息化均可以用较低的交易成本找到自己需要的产品或生产要素。产业集聚的形成受益于区域内的网络、合作关系、技术突破以及社会关系等因素的支撑。作为产业集群形成与发展过程中的关键因子，它们为新技术的出现和研究成果转化为实际生产力做出了突出贡献。不仅确保了知识链的完整，更保障了产业链的优化重组，为区域经济发展提供了更多可行性路径。

社会网络理论认为，社会结构是人与人之间或组织之间关系的网络结构，网络指关联节点之间的联结。社会网络是人与人或组织之间的社会关系，通过网络建立并维持某种社会认同，建立社会接触进而获得社会资源。有学者在研究中提出网络就是在系统中个体之间的所有联系组成的整体。也有部分理论工作者认为网络是网络内组织间的长期关系，这种关系不是市场交易关系，也不是同一组织下的层级关系，而是介于两者的水平关系。还有的学者赞成社会网络是网络内主体获取社会信息与资源的机会结构这种看法。他们认为大量相关联企业构成了社会网络，其中含有产业集群内部的专业化分工体系，彼此间的相互交流、相互合作都是通过网络中的互动行为进行的。网络内的交易并不完全通过不连续的市场交易进行，还有通过网络成员间的彼此互惠互利、相互协作的行为完成，企业间存在某种依赖关系、利益关系。

当产业合作网络发展到一定程度时，为了更好地实现经济利益，网络本身容易形成独立经营企业，这类企业没有固定产品、没有固定顾客，也没有固定生产方式和供应商，依赖紧密的网络关系，组合有效的商品满足顾客的需要。

网络的社会资本可以提高个体和组织对社会网络关系的责任感，减少交易中的不确定性并提高合作效率。一旦企业意识到社会网络带来的价值时，就会不断复制网络中的社会资本。产业集群的社会网络对企业的绩效有两方面的作用：一是促进企业之间的交流合作，这是集群创新的重要动因；二是降低企业的交易成本，这是企业竞争优势实现的基本前提。集群内的企业为了不断吸收新知识、信息资源以提高自身创新能力，就会采取一系列措施巩固内部社会关系网络，加强彼此协作，实现优势互补，当集群企业集体发挥网络优势时，整个集群的创新都在提高，进而增强集群的竞争优势。

1. 网络结构维度的耦合

网络是一系列行为关系的总和，产业集群网络则是内部经济主体为了获取资源、交换要素而建立的纵横交错的关系网，包括信息、市场、创新等多个模块。集群内的企业和非企业组织为了实现经济利益和全面创新，依托地理上的集中性优势，横向上与互补性厂商、服务机构分工协作，取长补短，将一部分经济活动交由其他机构来完成，以降低生产成本。纵向上与上游供应商及下游经销商达成共识、通力合作，形成完整的上下游产业链，实现价值最大化。因此，随着各种交易行为和协作关系的实现，集群内将会形成联系紧密、脉络清晰的社会关系网。在此基础上，集群网络引发的技术知识溢出效应及随之而来的跨区协作的建立，将会形成新的社会关系网，并对集群网络结构造成冲击，引起结构性调整，促进集群网络不断扩大辐射范围。

于区域经济空间而言，其内部生产要素的流通依赖经济网络的支持，它为经济空间提供了全面而畅通的交流途径，是区域经济发展的必要联系网络。经济网络可以从两个层次进行理解：①有形的网络，如交通网络、信息网络、电力供水供气网络等，为区域经济空间的交流提供物质基础；②无形的经济网络，如活动主体间的信任关系、信息交流网络，对经济活动的有序进行提供约束和能量，使经济技术贸易正常进行，促进区域经济的快速发展。

2. 集群分工与区域经济网的耦合

受益于集群内部结构完整、层次分明的社会关系网络，产业集群内部存在着大量互补性企业或非企业组织，确保了专业化分工体系的构建。因此，产业集群内部的生产经营活动带有浓烈的专业化生产色彩，所提供的产品也有较高的辨识度。此外，分工体系和专业知识对收益增长具有促进作用，分工的深化不仅促进制度创新、推动交易制度的完善，还决定了经济组织的产生与发展。可以看出，产业集群的分工网络对于集群发展意义非凡。从产业集群分工网络的构成主体来看，企业、科研机构、中介及政府公共部门等都在其中扮演了重要角色，生产企业是产业集群的核心部分，也是集群专业化分工网络的重要组成部分。公共部门虽然不直接决定分工网络创新实力的高低，但它在环境创造、调节内部经济主体关系、引导产业发展等方面有着不可替代的作用。通过制定有效的政策与制度，降低企业生产运营成本，减少集群形成的障碍。大学和研发机构是知识创新的主体，通过技术扩散和知识的外溢为产业集群不断提供知识创新成果。中介组织可以通过提供配套服务来为生产企业提供技术、知识、人力等多方面的支持，是生产企业能够专心搞生产的坚实后盾，有助于激发集群企业的生产潜力和创新活力。至于金融机构，它也是分工网络形成的重要组成部分，为企业资金提供流动性。良好的银企关系，不仅保障了内部企业生产活力和技术研发所需的资金流，还配合了国家的中小企业扶持计划，同时也为自身实力提升开辟了新路径。

至于区域经济空间的经济网络，它是在产业集群社会关系网的基础上发展而成的，换言之，产业集群分工网络是区域经济网络的一部分，而从产业集群分工网络的完善来看，区域经济网络的构建能够弥补集群分工网络的不足，为内部分工网络的结构优化创造了条件。

三、产业集群与区域经济空间
耦合机制的作用分析

产业集群是指在特定区域内的相关企业及关联机构的地理空间集中发展，并形成具有竞争优势的组织，是区域经济发展中的空间组织形式。它受到区域经济环境的影响，同时对其具有能动作用。一般而言，产业集群与区域经济空间两个系统通过耦合元素相互影响、互相促进的现象就是产业集群—区域经济空间耦合。这一耦合现象的运行机理表现在两个方面：一是产业集群可以推动产业转型，调整产业结构及布局，为技术创新和配套产业的升级优化创造了良好的条件，最终促进区域经济空间结构的完整，助力经济增长；二是区域经济空间通过基础设施、生产要素和资本为产业集群提供支撑。

（一）产业集群对区域经济空间的作用

首先，根据前文论述可知，产业集群模式可以解放社会生产力，实现产业结构调整，加速产业转型。这也就意味着农业经济占主导的时代已经过去，产业发展的重心是推动工业和第三产业的综合实力提升，发挥第二、第三产业在经济增长中的决定性作用；合理引导劳动力流向需求较多的产业，实现剩余劳动力的科学转移，推动城镇化和现代化建设同步进行、协调发展。具体来看,产业集群对区域产业结构的调整作用表现在通过整合产业价值链,影响主导产业的发展及生命周期等。根据实践经验和理论依据,产业集群模式有助于实现正外部性,减轻信息不对称以节约交易成本及发挥规模效应,这一系列影响又会推动集群区域内创新网络的发展,使得产业转移,最终实现区域产业布局合理化,产业结构完善化,不断解放生产力,促进效率提高和方式优化,最终提高区域产业化水平。

其次,产业集群模式可以激发创新积极性,实现生产技术提升,增加企业利润总额。众所周知,追求超额利润是企业的主要目标,而创新是获取超额利润的重要方式。因此,创新一直是各类企业永恒的发展战略之一。在集群模式下,地理位置上的靠近为企业间的交流搭建了广阔的平台。通过信息交换和协作,企业能够迅速了解市场行情,及时调整企业生产计划和竞争策略,在竞争中取得先机,同时也为企业把握未来技术变革提供了更多更具有说服力和指导性的素材。再加上集群模式可以集中团体的力量,共同分担创新风险,通过合作的方式,加快创新成果的研发和转化。除此以外,由于处于同一集群文化背景下,创新技术的推广变得较顺畅。这就全面提升了本区的整体创新水平,保证了竞争优势的扩大。当企业以这种方式享受到了竞争性好处,它们对创新的积极性将长期处于较高的状态,促使它们致力于技术创新和制度变革等。产业集群在创新上享有的多重优势将会影响区域市场同类竞争者的创新积极性及互补企业的自我提升意识,最终使得集群成为区域创新的核心,促进整体竞争实力的提升。

产业集群的发展和产业分工不断细化会使集群企业的分工水平得到深化,相关的配套服务不断发展,市场规模不断扩大,向集群区域集中。一旦配套产品行业有利润可图,集群需求就会不断扩大,在集群区域内形成专业化生产，有些中间产品的生产环节分离出来，形成新的以某特定环节加工为主业的企业组织。这就会使产业链不断拉长，整个集群的经济产量和外在规模将不断扩大，分工体系逐步完善，配套设施日趋丰富，从而促进区域经济空间多样化发展。

（二）区域经济空间对产业集群的作用

产业集群的发展有利于区域经济空间的产业结构优化、技术进步和配套设施的需求，进而促进区域经济空间的完善与发展。但产业集群必须依托区域经济空间结构，需要经济空间提供载体和支撑。

产业集群发展过程中，基础设施、配套服务等都是必要的和关键的要素。产业集群的投入要素不仅包括一般意义上的自然资源、资本、劳动力，还有政策、金融、教育培训等。区域经济空间的组成要素都会对产业集群的发展产生重要影响。经济的开放程度构成产业集群的条件和基础，这是因为产业集群模式对信息沟通、要素交换的畅通程度要求较高，因此经济系统越开放，产业集群的发展就越有效，越迅速。另外，区域经济的发展水平反映了产业集群发展的资本保障。强大的经济实力会给产业集群提供其他区域无法给予的资本，使产业集群的发展获得资金保障，提升产业集群竞争力。

（三）产业集群—区域经济空间耦合发展对区域竞争力的促进

产业集群作为一种先进的发展模式，在很多方面具有绝对性或比较性优势，最突出的表现在：一是高生产效率带来的优势。由于集群可以促进专业化分工体系的完善、促进产业创新，同时又可以实现企业共享基础设施，这就为企业降低生产成本提供了多重途径，最终实现生产效率的提升。二是高产品价值带来的优势。集群模式能够整合资源，培养创新思维，这些特征帮助集群企业更好地了解市场需求，有针对性地增加产品品类及附加值，通过品质的提升吸引消费者，实现竞争优势。综上所述，产业集群会通过降低成本或提高品质的方式增加市场占有率，促进本区经济总量增长，创造更多就业机会。

1. 产业集群—区域经济空间耦合系统的集聚效应与区域竞争力

所谓产业集群—区域经济空间耦合是指由于产业集聚而带来的一系列比较性优势。一是配套服务的成本较低。这是由于产业集群聚集模式下，由于聚集了大量的企业及其他机构，受经济利益驱动或政策吸引的市场、通信企业、公共部门等相关服务的提供者会自发地接近产业集群区域，这就为集群专业化分工的深化创造了良好的外部条件，并节约了获取相关服务的信息传递成本、运输成本等，为区域经济发展提供了良好的基础环境。二是资本获取与积累更加便利。由于产业集群的发展往往会吸引相关金融机构的入驻，再加上政府极有可能在产业政策上有意识地推动金融机构和企业加强协作，这就为企业提供了成本更低、金额更多的融资方式，特别是对资金周转较难的中小企业而言，无疑是促进其发展的重要举措。这就使得集群产业规模和企业数量持续扩大，有利于国家产业政策落到实处，促进本区就业、提高居民生活水平。

2. 产业集群—区域经济空间耦合的外部经济效应与区域竞争力

产业集群模式下，专业化分工体系不断完善，企业间分工协作日渐增多，不仅避免了重复建设和同质竞争，还减少了资源浪费，提高了资源利用率，进而降低了企业生产成本，从整个区域空间的角度看，形成了较明显的正外部经济效应，具体包括协作效应、制度效应以及创新效应三个方面。

3. 耦合系统的自我强化机制与区域竞争力

结合前文可知，产业集群与区域经济空间的耦合具有较强的正外部经济效应，该耦合系统在协同生产、组织管理及开拓创新等方面具有其他分散型产业所不具备的优势。这些外部竞争性优势对耦合内部起到了能动作用，倒逼内部自我升级，不断强化，具体表现如下：

（1）系统内产业规模不断扩大。由于产业集群—区域经济空间耦合具有协作效应，这就会增强内部经济主体之间的凝聚力，在一定程度上促进内部资本流通，加快信息传播与生产交换，扩大了区域内部市场容量。同时，由于协作效应的存在，各不同经济主体的目的能达成一致，因此有利于整合各个个体的实力，在区域竞争中取得有利地位。这些影响会持续作用于内部各经济主体，使其不断强化生产实力，扩大产业规模，实现自我升级。

（2）系统内产业链升级将持续进行。由于区域经济空间耦合系统会随着业务开展，不断进行自我调节以适应经济生产的各种需求，这就使得耦合效应不断向横纵方向扩散。纵向上，专业技术的推广和高素质人才的引进将给区域经济主体提供充足的技术支持和人力储备，使内部企业不断强化自身生产力和竞争优势，确保产业链稳定升级。横向上，区域耦合系统为企业交流提供了更广阔的平台，有利于企业间合作的开展，使得企业交易费用能够大幅降低，可以集中于开发具有优势的专业性产品，增加产品的种类和内在价值，最终实现产业分工体系的健全化，促进产业链持续升级。

（3）系统内创新活力不断释放。区域内产业集群的演化过程能够将资源迅速地集结在一起，有利于统筹兼顾。产业集群模式可以风险共担，同时资本的积累更迅捷，能够激发本区创业热情。此外，集群内部竞争关系随着企业规模的壮大日渐激烈，引起集群内部的战略调整，力求技术进步与管理优化不断进行。除了集群内部的竞争能激发创新活力以外，产业集群创新体系的健全还受到外部政策和区域市场状况的影响。一旦某个区域呈现明显的竞争优势或开发出了新的产品，研发出了新的技术，其他同级竞争者为了保持现有的竞争格局或更多的市场份额，将会迅速效仿该区域的做法，如此循环往复、相互推动作用下，将充分释放本区的创新活力。

综上所述，产业集群—区域经济空间耦合是一个自主性极强的复杂系统。由于内部各经济活动主体具有较类似的生产特点，又处于同一背景环境下，因此很容易实现协同效应。另外，区域经济发展离不开宏观调控的扶持与监督，才能确保经济秩序和市场平稳运行，而产业发展的实践又会反过来指导政策制定者，提高政策的实践指导意义，这就确保了制度的不断完善和管理方式的持续转变。基于产业集群—区域经济空间耦合系统在促进区域自我创新、自我优化方面发挥了积极作用，各经济主体必须锐意进取，不断增强本区竞争实力。

第四章　陶瓷与陶瓷产业概述

本章介绍了陶瓷的定义、陶瓷产业定义及其分类，对 2015 年陶瓷制品制造产业和建筑陶瓷制品制造产业经济数据进行了分析，并介绍了国内外陶瓷产业发展简史。

一、陶瓷的定义和分类

（一）陶瓷的定义

陶瓷从传统意义上解释就是将两种不同性质的黏土，即陶土和瓷土，添加各种天然矿物，经过多种工艺流程，如配料、粉碎混炼、成型、干燥和煅烧等，制成的各种器物，是陶器和瓷器的合称。

到了现代，陶瓷还包括用陶土和瓷土以外的原料，按照陶瓷制造的工艺方法制成的其他制品，如广泛应用于航空航天、半导体、无线电等行业的陶瓷电阻、磁性瓷、金属陶瓷等。

传统意义上，陶瓷的原料主要是天然的硅酸盐矿物，原料的构成与玻璃、搪瓷、耐火材料相似，应同属于硅酸盐类制品。现在，为提高陶瓷的强度、耐高温以及其他性能，人们不断改变配方，加入多种人工合成化合，甚至不使用天然原料制成陶瓷，使其性能更加优越，出现了不属硅酸盐类制品的现代陶瓷。

因此，陶瓷的一般概念根据其特性可被界定为：经过成形和高温烧结而制成的，由天然或人工合成原料组成的粉状化合物，是一种无机化合物构成的多晶固体材料，可以统称为无机非金属固体材料。不论传统的硅酸盐陶瓷，还是现代的非硅酸盐陶瓷，均包含在内。

（二）陶瓷的分类

陶瓷的分类主要有两种，分别是从原料成分和生产工艺的角度和从用途的角度进行分类。

1. 按原料成分和生产工艺的不同进行分类

按这种方式陶瓷可以分为陶器、炻器和瓷器。

表 4 - 1　陶器和瓷器

	陶器	瓷器
原料	普通黏土，含铁量3%以上	瓷土，含铁量3%以内
烧成温度	1000℃以内	1200℃以上
吸水率	大于3%	小于3%
透光性	不透光	透光
胎体特征	胎体玻化程度差、结构不致密	胎体玻化程度高、结构致密
敲击声	声音混浊	声音清脆
施釉	无釉或低温釉	高温釉

陶器的性能与特征如表 4 - 1 所示，根据精细程度，陶器又可分为粗陶和精陶（见表 4 - 2）。

表 4 - 2　粗陶和精陶

	粗陶	精陶
特征	吸水率大于15%、不施釉、制作不细致、结构粗糙	吸水率低于15%、施釉、制作细致、结构均匀

建筑工程中使用的砖、瓦、陶管等一般都是粗陶；建筑工程中用的釉面砖、彩陶等经过素烧和釉烧两次烧成，一般是精陶。

瓷器的性能与特征如表 4 - 1 所示，根据原料成分与工艺的不同，瓷器又可分为粗瓷和细瓷（见表4-3）。

表4-3　粗瓷和细瓷

	粗瓷	细瓷
特征	吸水率大于1%、透光性差	吸水率低于0.5%、透光性强

粗瓷用普通原料，经较低温度烧成，多用于制成坛坛罐罐、鱼缸水壶等器物；细瓷用纯度较高的原料，经高温烧成，历史上官窑制品和现在的各类高中档餐具、艺术瓷均为细瓷。

炻器是介于陶器和瓷器之间的陶瓷，吸水率一般小于3%，透光性较差，通常胎体较厚，不如瓷器洁白，按致密程度也可以分为粗炻器和细炻器。陶瓷马赛克、地砖、墙面砖属于粗炻器，日用器皿属于细炻器。

2. 按用途的不同进行分类

按用途，陶瓷主要可分为建筑、卫生、特种、日用和园林陈设艺术陶瓷等。建筑陶瓷包括砖、瓦、管及配件等，主要用于建筑物的陶瓷制品；卫生陶瓷包括洗面器、浴盆、水箱等，主要用于卫生和清洁的陶瓷制品；特种陶瓷包括电阻、超导体、轴承、发动机部件、绝缘体陶瓷等，主要用于特定用途的陶瓷制品；日用陶瓷包括餐具、茶具、咖啡具、酒具等，是指满足人们日常生活需求的各类陶瓷制品；园林陈设艺术陶瓷包括瓷瓶、瓷板、雕塑、壁画等，是指以欣赏为主的各类陶瓷制品。

二、我国陶瓷产业概述

（一）陶瓷产业的定义与分类

陶瓷产业的定义有狭义和广义之分，一般来说所有从事陶瓷制品生产和制造企业的集合可以称为狭义的陶瓷产业；在狭义的陶瓷产业基础上，包含了陶瓷产业链上其他各个环节的相关配套支持企业的集合，可以称为广义的陶瓷企业。

关于陶瓷产业的分类，我国《国民经济行业分类》（GB/T4754—2011）进行了划分，其中在陶瓷制品制造业（307）中，细分成了四个行业，分别是卫生陶瓷制品制造业（3071）、特种陶瓷制品制造业（3072）、日用陶瓷制品制造业、园林（3073）、陈设艺术及其他陶瓷制品制造业（3079）。另外在砖瓦、石材等建筑材料制造业（303）中建筑陶瓷制品制造业（3032）也应该属于陶瓷产业的范畴。

（二）陶瓷产业经济数据分析

改革开放近 40 年，我国陶瓷产业得到了快速发展，特别是近些年来，以年均 20% 的速度高速增长，我国已经成为全世界陶瓷生产的大国和陶瓷制造中心，陶瓷制品的年产量和陶瓷制品出口量均居世界首位。相对于我国其他产业而言，陶瓷产业的发展速度远高于我国 GDP 的增长速度，在我国国民经济各个行业中达到了中上水平，并逐步成为维护国民经济健康稳定发展的重要产业。

2014 年陶瓷产业规模以上企业累计完成主营业务收入 8981 亿元，其中，陶瓷制品制造产业规模以上企业累计完成主营业务收入 3571.38 亿元，累计完成利润 289.35 亿元，建筑陶瓷制品制造规模以上企业累计完成主营业务收入 4399.97 亿元，累计完成利润 295.31 亿元，占全国 GDP 比重达到 1.41%（见表 4-4）。

表 4-4　2009~2015 年陶瓷行业规模以上主营业务收入及占全国 GDP 比重

年份	国内生产总值（亿元）	增长率（%）	陶瓷行业产值（亿元）	占全国比重（%）
2009	345629	9.2	2994	0.87
2010	408903	10.6	3892	0.95

年份	国内生产总值（亿元）	增长率（%）	陶瓷行业产值（亿元）	占全国比重（%）
2011	484124	9.5	5724	1.18
2012	534123	7.7	5872	1.10
2013	588019	7.7	6970	1.19
2014	635910	7.3	8981	1.41
2015	676708	6.9	6813	

注：2015 年陶瓷行业产值为 1～10 月的统计数据。

资料来源：国家统计局。

自 2014 年以来，我国进行全面深化经济体制改革，经济形势进入新常态，经济高速增长转为中高速增长，陶瓷行业面临经济下行压力，影响我国陶瓷行业发展的因素依然严峻，反倾销、成本上升、环保等，但我国陶瓷行业依然保持着较高的增长速度。

据国家统计局数据显示，2015 年 1～10 月我国陶瓷行业规模以上企业在资产总额、主营业务收入、出口总量和利润等方面同比增长，但增速较上年有所下降。截至 2015 年 10 月全国陶瓷行业规模以上企业 3491 家，资产总额达到 4468.32 亿元，完成主营业务收入 6812.95 亿元，利润总额 463.93 亿元。2015 年前 10 个月，全国陶瓷行业规模以上企业中亏损的有 266 家，同比增长 3.5%。

1. 陶瓷制品制造产业经济数据分析

陶瓷制品制造产业资产分布。从 2015 年 1～10 月陶瓷制品制造产业资产分布情况来看（见表 4-5），全国陶瓷制品制造产业资产总计为 2231.85 亿元。其中广东、江西、山东、湖南、河南排在前五位，上述五省陶瓷制品资产均已超过或接近 200 亿元，占中国陶瓷制品制造产业总资产的 2/3；加上福建、江苏、河北、浙江、湖北五个省的资产合计达到中国陶瓷制品制造产业总资产的 88.5%。广东省是中国陶瓷行业的最大产区，其陶瓷制品资产规模也最大，占全国总资产的

16.46%，江西省、山东省和湖南省的资产总计都在300亿元左右，比例分别达到13.93%、13.80%和13.20%，以上四省总资产超过全国的一半。全国陶瓷制品制造产业资产区域分布情况如图4-1所示。

表4-5　2015年1~10月陶瓷制品制造产业资产区域分布情况

序号	地区	资产总计（亿元）	占全国比重（%）	序号	地区	资产总计（亿元）	占全国比重（%）
1	广东	367.43	16.46	15	重庆	21.38	0.96
2	江西	310.97	13.93	16	山西	21.07	0.94
3	山东	307.90	13.80	17	四川	20.73	0.93
4	湖南	294.55	13.20	18	陕西	8.11	0.36
5	河南	197.04	8.83	19	内蒙古	8.06	0.36
6	福建	139.73	6.26	20	北京	7.18	0.32
7	江苏	137.92	6.18	21	天津	5.04	0.23
8	河北	106.10	4.75	22	黑龙江	4.93	0.22
9	浙江	61.96	2.78	23	云南	3.06	0.14
10	湖北	51.61	2.31	24	青海	2.59	0.12
11	上海	49.23	2.21	25	贵州	2.56	0.11
12	广西	48.51	2.17	26	吉林	0.32	0.01
13	辽宁	28.48	1.28	27	甘肃	0.32	0.01
14	安徽	25.07	1.12	合计		2231.85（亿元）	

资料来源：中宏数据库。

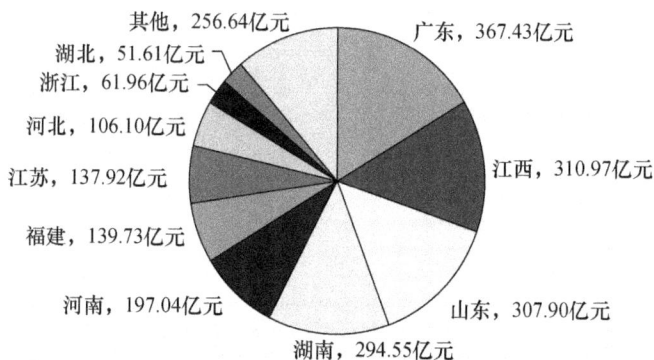

图4-1　2015年1~10月陶瓷制品制造产业资产区域分布情况

资料来源：中宏数据库。

（1）陶瓷制品制造产业主营业务收入情况。从 2015 年 1 ~ 10 月陶瓷制品制造销售收入分布情况来看（见表 4 - 6），全国陶瓷制品制造产业销售收入合计为 3086.95 亿元。江西、广东、山东、湖南、河南排在前五位，五省销售总收入占总销售收入的 71.71%，超过资产占比；前十个省的销售收入占总销售收入的 92.18%，亦高于资产前十名的 88.50%；其中，江西省陶瓷制品销售收入最多，占全国销售收入的 18.20%，接近全国的 1/5。同时，销售收入更集中，排名前三的江西省、广东省和山东省的销售收入合计 1531.08 亿元，占全国销售收入的比重之和为 49.60%，接近全国销售收入的一半。全国陶瓷制品产业销售收入区域分布情况如图 4 - 2 所示。

表 4 - 6　2015 年 1 ~ 10 月陶瓷制品制造产业销售收入区域分布情况

序号	地区	销售收入（亿元）	占全国比重（%）	序号	地区	销售收入（亿元）	占全国比重（%）
1	江西	561.78	18.20	14	辽宁	29.01	0.94
2	广东	512.87	16.61	15	安徽	25.71	0.83
3	山东	456.43	14.79	16	上海	25.09	0.81
4	湖南	373.25	12.09	17	山西	20.02	0.65
5	河南	309.40	10.02	18	陕西	11.87	0.38
6	福建	227.48	7.37	19	云南	9.10	0.29
7	江苏	131.27	4.25	20	北京	5.39	0.17
8	湖北	105.25	3.41	21	黑龙江	3.93	0.13
9	广西	95.17	3.08	22	贵州	3.15	0.10
10	河北	72.60	2.35	23	吉林	3.10	0.10
11	浙江	39.42	1.28	24	天津	1.56	0.05
12	重庆	33.78	1.09	25	内蒙古	0.58	0.02
13	四川	29.13	0.94	26	青海	0.58	0.02
	全国					3086.95（亿元）	

资料来源：中宏数据库

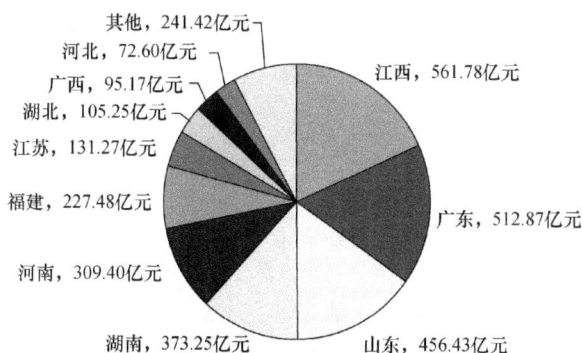

图 4-2　2015 年 1~10 月陶瓷制品制造产业销售收入区域分布

（2）陶瓷制品制造产业出口分布。从 2015 年 1~10 月陶瓷制品制造产业出口分布情况来看（见表 4-7），全国陶瓷制品制造产业出口总计为 426.26 亿元。广东、福建、湖南、河北、广西排在前五位，上述五省陶瓷制品出口总量为 342.84 亿元，占全国陶瓷制品制造产业出口总量的 80.43%；前十个省的出口合计占中国陶瓷制品制造产业出口总量的 98%，几乎为全部的出口量，其密集度远高于资产总计和销售收入的密集度。其中，广东省陶瓷制品制造产业出口 149.52 亿元，占全国出口总量的 35.08%，远高于其他各省（自治区、直辖市）。全国陶瓷制品制造产业出口区域分布情况如图 4-3 所示。

表 4-7　2015 年 1~10 月陶瓷制品制造产业出口区域分布情况

序号	地区	出口总计（亿元）	占全国比重（%）	序号	地区	出口总计（亿元）	占全国比重（%）
1	广东	149.52	35.08	11	湖北	4.02	0.94
2	福建	98.83	23.19	12	河南	1.33	0.31
3	湖南	46.10	10.81	13	辽宁	1.29	0.30
4	河北	24.53	5.75	14	天津	0.72	0.17
5	广西	23.86	5.60	15	北京	0.41	0.10
6	江苏	20.60	4.83	16	安徽	0.21	0.05
7	江西	19.92	4.67	17	四川	0.20	0.05
8	山东	17.47	4.10	18	山西	0.19	0.04
9	浙江	9.13	2.14	19	重庆	0.15	0.04
10	上海	7.78	1.83		合计	426.26（亿元）	

资料来源：中宏数据库。

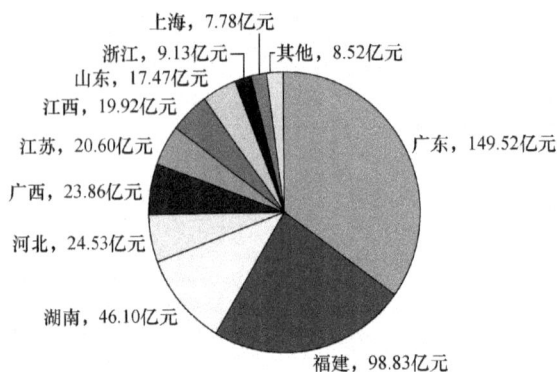

图4-3 2015年1~10月陶瓷制品制造产业出口区域分布

（3）陶瓷制品制造业产业效益指标分析。根据国家统计局数据显示，2015年1~10月，全国陶瓷制品制造业规模以上企业累计完成主营业务收入3086.95亿元，同比增速7.90%，增速比上年同期回落5.64个百分点。

从月度情况看，全年各月均为正增长，一季度各月同比增速普遍高于其他月份，其中1~2月份同比增长10.49%，是全年增长10%以上的月份；从3月起，各月增速持续回落，9月开始同比增速出现上升趋势；6月完成主营业务收入368.23亿元，为全年单月最高值（见图4-4）。

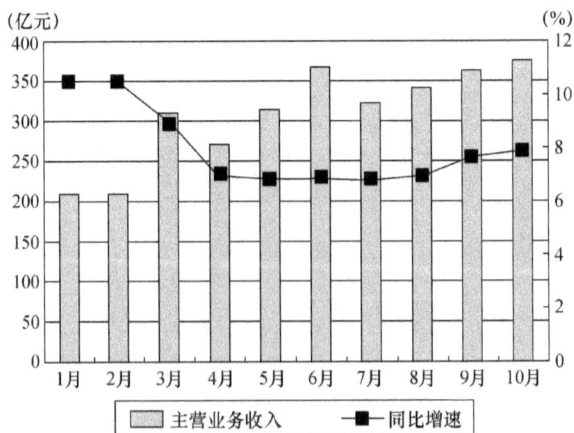

图4-4 2015年1~10月陶瓷制品月度主营业务收入及同比增速

资料来源：中宏数据库。

（4）子行业主营业务收入贡献率分析。在四个细分行业中，占比最大的是特种陶瓷制品制造业，2015 年 1～10 月份主营业务收入 1099.63 亿元，占比 36%；其次是日用陶瓷制品制造业，2015 年 1～10 月份主营业务收入 866.57 亿元，占比 28%；园林、陈设艺术及其他陶瓷制品制造业和卫生陶瓷制品制造业 2015 年 1～10 月份主营业务收入分别为 611.85 亿元和 508.9 亿元，占比 20% 和 16%（见图 4－5）。

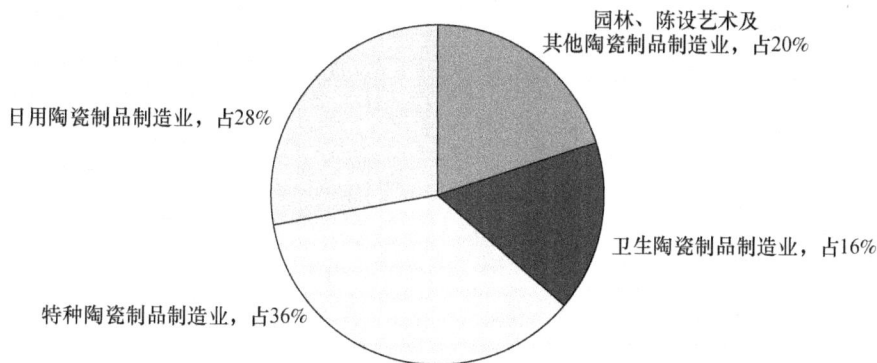

图 4－5　2015 年 1～10 月全国陶瓷行业累计主营业务收入行业小类占比情况

资料来源：中宏数据库。

（5）主要地区主营业务收入贡献率分析。与上年相比，2015 年 1～10 月全国陶瓷行业规模以上企业累计完成主营业务收入前五位的地区依次是：江西、广东、山东、湖南和河南，上述地区占比均在 10% 以上，综合全年来看，江西、广东和山东三个地区全年完成主营业务收入均会超过 500 亿元（见表 4－8）。

表4-8 2015年1~10月陶瓷制品制造产业主营业务收入区域分布情况

序号	地区	销售收入（亿元）	占全国比重（%）	序号	地区	销售收入（亿元）	占全国比重（%）
1	江西	561.78	18.20	14	辽宁	29.01	0.94
2	广东	512.87	16.61	15	安徽	25.71	0.83
3	山东	456.43	14.79	16	上海	25.09	0.81
4	湖南	373.25	12.09	17	山西	20.02	0.65
5	河南	309.40	10.02	18	陕西	11.87	0.38
6	福建	227.48	7.37	19	云南	9.10	0.29
7	江苏	131.27	4.25	20	北京	5.39	0.17
8	湖北	105.25	3.41	21	黑龙江	3.93	0.13
9	广西	95.17	3.08	22	贵州	3.15	0.10
10	河北	72.60	2.35	23	吉林	3.10	0.10
11	浙江	39.42	1.28	24	天津	1.56	0.05
12	重庆	33.78	1.09	25	内蒙古	0.58	0.02
13	四川	29.13	0.94	26	青海	0.58	0.02
合计						3086.95（亿元）	

资料来源：中宏数据库。

（6）利润情况分析。根据数据显示，2015年1~10月，全国陶瓷行业规模以上企业累计利润总额231.02亿元，同比增速8.68%，增速比上年同期回落10.62个百分点。从月度利润同比情况看，全年各月均为正增长，一季度各月同比增速普遍高于其他月份；从3月起，增速开始回落，7月同比增速持续下降；10月完成利润总额330.06亿元，为全年单月最高值，但同时也是全年利润总额同比上涨最慢的一个月（见图4-6）。

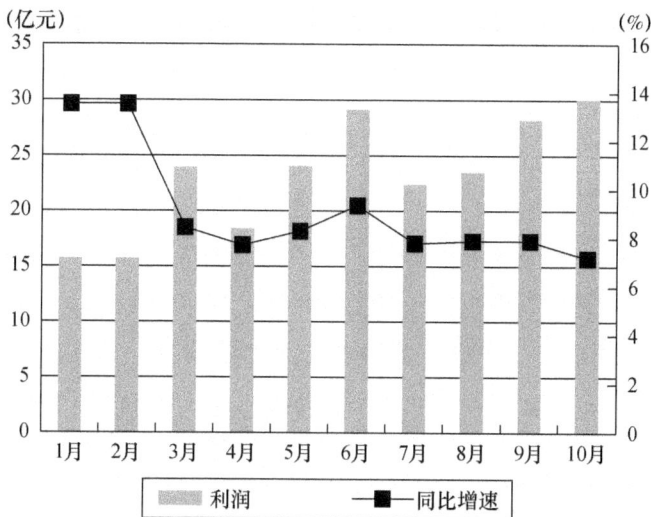

图 4-6 2015 年 1~10 月全国陶瓷行业月度利润总额及同比增速

（7）子行业利润贡献分析。在陶瓷制品制造四个细分行业利润总额中，占比最大的是特种陶瓷制品制造业，2015 年 1~10 月份利润总额 105.71 亿元，占比 46%；其次是日用陶瓷制品制造业，2015 年 1~10 月份利润总额 49.81 亿元，占比 22%；园林、陈设艺术及其他陶瓷制品制造业和卫生陶瓷制品制造业 2015 年 1~10 月份利润总额分别为 39.73 亿元和 35.77 亿元，占比 17% 和 15%（见图 4-7）。

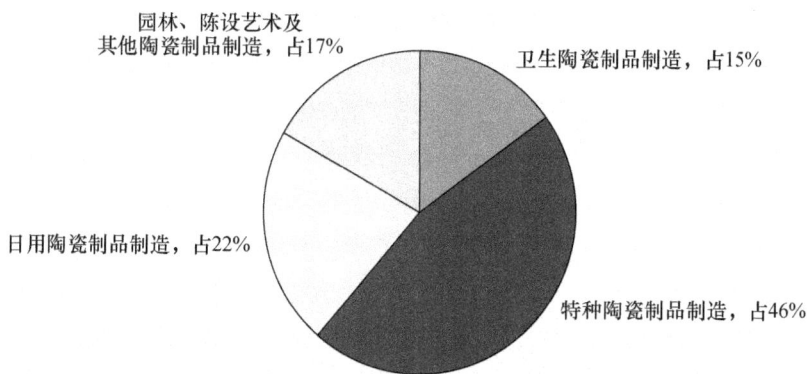

图 4-7 2015 年 1~10 月全国陶瓷行业累计利润总额子行业占比情况

（8）主要地区利润贡献分析。从 2015 年 1～10 月陶瓷制品制造产业利润总额区域分布情况来看（见表 4－9），全国陶瓷制品制造产业利润总额为 231.02 亿元。排在前五位的分别是江西、广东、山东、河南、湖南，上述五省陶瓷制品利润总额为 183.11 亿元，占全国陶瓷制品制造产业利润总额的 79.26%；其中，甘肃、内蒙古和天津三个地区利润总额为负数，即为亏损。如 2015 年 1～10 月全国陶瓷行业累计利润总额区域分布情况（见图 4－8）所示，江西省利润总额达到 58.46 亿元，超过了全国利润总额的 1/4。

表 4－9 2015 年 1～10 月陶瓷制品制造产业利润总额区域分布情况

序号	地区	利润总计（亿元）	序号	地区	利润总计（亿元）
1	江西	58.46	15	山西	1.63
2	广东	35.93	16	四川	1.51
3	山东	34.39	17	浙江	1.39
4	河南	31.02	18	北京	0.96
5	湖南	23.31	19	陕西	0.64
6	福建	12.06	20	云南	0.62
7	江苏	9.59	21	黑龙江	0.21
8	上海	4.19	22	吉林	0.09
9	湖北	3.68	23	青海	0.09
10	广西	2.89	24	贵州	0.02
11	辽宁	2.50	25	甘肃	-0.01
12	河北	2.44	26	内蒙古	-0.12
13	安徽	1.97	27	天津	-0.39
14	重庆	1.95	合计		231.02（亿元）

资料来源：中宏数据库。

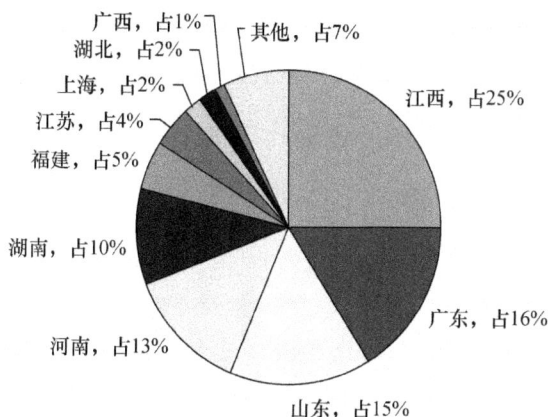

图4-8　2015年1～10月全国陶瓷行业累计利润总额区域分布情况

2. 建筑陶瓷制品制造产业经济数据分析

（1）建筑陶瓷制品制造产业资产变化情况。根据数据显示，2015年10月建筑陶瓷制品制造产业资产总额达到2436.47亿元，平均同比增速10.36%，增速比上年同期回落6.61个百分点。从月度增速情况看，全年总体增速呈下降趋势，在1～5月，陶瓷制品制造产业资产总额增速略微有所上升，之后增速大幅下降，全年同比增速最慢为7月，各月平均为8.67%（见图4-9）。

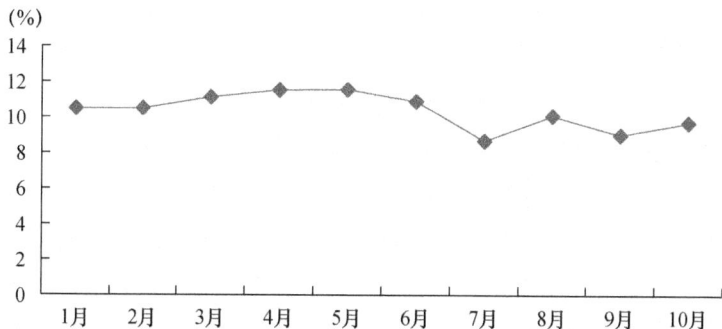

图4-9　2015年1～10月全国建筑陶瓷制品制造产业资产总计同比增速情况

（2）建筑陶瓷制品制造产业销售收入情况。从2015年1～10月建筑陶瓷制品制造产业销售收入情况来看（见图4-10），全国建筑陶瓷制品产业销售收入合计为3725.69亿元，同比增速为6.35%，较上年同期增速下降 6.28 个百分点。从数据图中可以看出，销售收入最高的为 6 月的 441.44 亿元；2015 年建筑陶瓷制品销售收入同比增速在逐月递减，到 10 月份是同比增速只有 2.46%，由此可以看出 2015 年的建筑陶瓷市场销售收入增速回落幅度较明显。

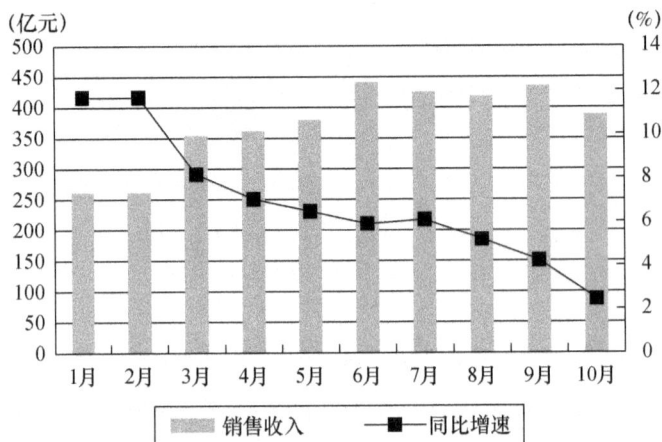

图 4 - 10 2015 年 1 ~ 10 月全国建筑陶瓷制品制造行业月度销售收入及同比增速

（3）建筑陶瓷制品制造产业利润情况。与销售收入情况类似，2015 年 1 ~ 10 月建筑陶瓷制品制造产业利润同比增速也在逐渐减缓，如图 4 - 11 所示，全国建筑陶瓷制品产业 2015 年 1 ~ 10 月利润合计为 232.90 亿元，同比增速为 7.26%，较上年同期增速下降 4.71 个百分点。从图中可以看出，利润总额最高的是 6 月的 27.62 亿元，同比增速呈递减趋势，到 9 月时利润总额同比增速只有 4.01%。

（4）建筑陶瓷制品制造产业出口情况。从 2015 年 1 ~ 10 月建筑陶瓷制品制造产业出口情况来看（见图 4 - 12），全国陶瓷制品制造产业出口总计为 69.09 亿元，上年同期出口总量为 81.83 亿元，减少 12.74 亿元；出口总量同比增速为 - 14.01%，较上年同期下降 20.43 个百分点，3 月出口总额同比增速达到最低的 - 18.82%，而后几个月增速同比虽然有所上升，但都在 - 15% 以下，由此可见建筑陶瓷制品出口量在 2015 年大幅减少。

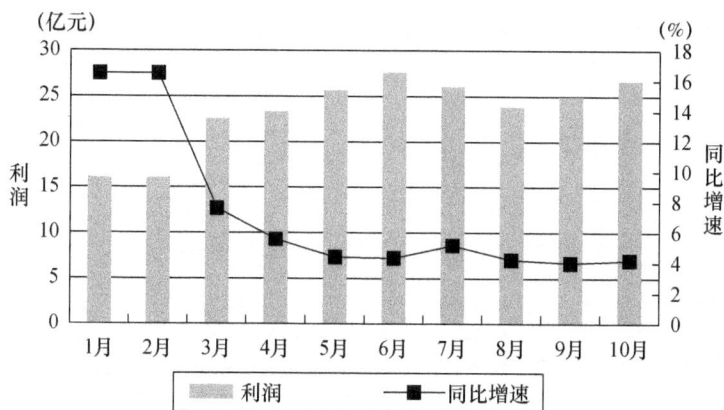

图 4-11 2015 年 1~10 月全国建筑陶瓷制品制造行业利润总额及同比增速

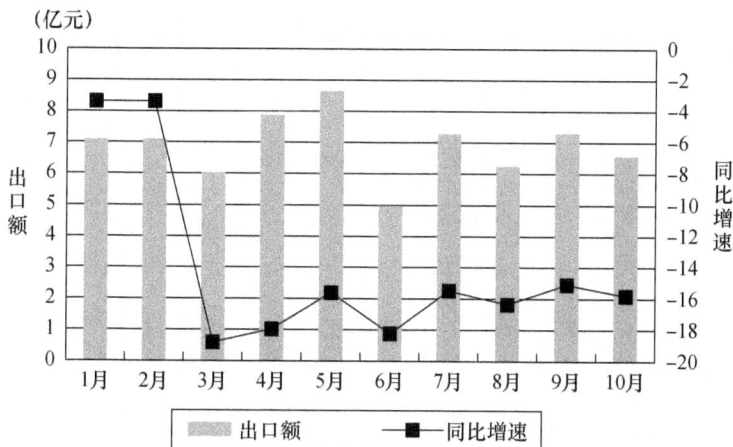

图 4-12 2015 年 1~10 月全国建筑陶瓷制品制造行业出口总额及同比增速

三、世界陶瓷产业发展简史

（一）全球陶瓷产业发展简史

从考古的角度来看，陶器在距今 1.5 万年以前的旧石器时代就已经出现，而瓷器是在中国东汉时期发明出来的。而从世界陶瓷产业的起源来看，历史上有三大区域，即东亚、欧洲、美洲，其中东亚陶瓷产业历史最悠久。

1. 东亚陶瓷产业发展概述

自中国东汉时期发明瓷器以来，中国陶瓷生产遍及全国，很多著名的窑口相继形成，如唐代的唐三彩，盛极一时，且宋代景德年间，昌南镇被改名为景德镇，当地生产的陶瓷制品走向世界，陶瓷产业得到了迅猛发展，明朝的宜兴紫砂被日本和欧洲仿制。东亚陶瓷产业逐渐形成了中国为源头和核心，不断向周边的扩散的趋势。到公元9世纪，中国向伊斯兰教教主赠送了一批精细陶瓷，此后伊拉克等地区也开始了精细陶瓷的生产，并找回了失传已久的锡釉瓷生产工艺，到公元12世纪波斯也开始了生产。

2. 欧洲陶瓷产业发展概述

欧洲陶瓷产业可以追溯到中东的伊斯兰人经西班牙的马略卡岛将伊斯兰陶器传入意大利，之后开始生产出风格独特的锡釉花饰瓷，所以该瓷器也被称为马略利卡，后制瓷工艺传入法国。13~14世纪中国瓷器传到欧洲，大家争相仿制。17世纪，荷兰的锡釉陶以仿制中国的青花和五彩闻名天下。17世纪末18世纪初，德国的化学家通过对中国瓷的试验研究发现可以用长石粉作熔剂，成功烧制出与中国瓷器相类似的硬质瓷，开始批量生产瓷器。

3. 美洲陶瓷产业发展概述

公元前2000年以前，在美洲大陆安第斯山脉中部、玻利维亚和秘鲁等地就存在着几何纹的陶器和模具成型的陶器，到了公元前6世纪，玛雅人烧制出彩色的陶器，直到美洲大陆被发现，欧洲的锡釉陶进入墨西哥，接着德国移民的进入给美国带来了陶器制造技术。如今，美洲陶瓷产业的代表主要是巴西，它是世界第四大陶瓷生产国，有着较高的陶瓷生产水平。

（二）中国陶瓷产业发展历程

从考古发现来看，公元前 8000 年前后，中国新石器时代，陶器已经被普遍使用，当时以红陶和砂红陶为主，到河姆渡文化遗址中夹炭黑陶的发现，山东龙山文化遗址中的白陶和薄胎陶，我国的陶器技艺发展已经达到了非常高的水准，特别是薄胎陶器工艺中的陶轮驱动直到 19 世纪才由机械驱动所取代。到了商周时期，我国出现了陶器向瓷器的过渡，秦汉时期的秦始皇陵的兵马俑、汉代的仕女俑，反映了当时艺术加工已经达到了较高的水平，建筑用陶瓷开始逐步出现。

到了东汉时期，浙江一带的窑口开始大量的烧制青瓷，该瓷已经具有现代瓷器所有的特征，一般认为青瓷的出现是中国陶瓷史上的里程碑，它表示中国的瓷器产业进入成熟时期。到了魏晋南北朝时期，瓷器有了进一步的发展，其风格实现了多样化，白瓷开始在北方出现，伴随着丝绸之路，陶瓷走向世界。

隋唐时期，陶瓷产业空前繁荣，代表窑口有浙江的越窑、河北的邢窑，其中越窑代表作为青瓷，邢窑代表作为白瓷，这就是我们常说的"南青北白"。到了中晚唐时期，长沙的铜官窑生产出彩绘瓷、巩县生产出三彩陶（我们常说的唐三彩），大量彩瓷、青花器开始涌现，"南青北白"局面被打破，名窑林立的局面出现。隋唐时期，海洋贸易的发展，使得陶瓷出口贸易越来越繁荣，陶瓷大量出口到西方。

宋代是陶瓷生产较繁荣的时期，陶瓷产地遍布全国，其中包括官窑、哥窑、汝窑、定窑、钧窑，为当时的五大名窑。景德镇青白瓷窑系、定窑系、钧窑袭、耀州窑系、磁州窑系、龙泉青瓷窑系为当时的六大窑系。特别是宋真宗景德年间，赐年号于昌南镇，中国瓷器产业达到了世界的顶峰。有人说中国的英文为 China，英译即为昌南，认识中国从瓷器开始，从昌南镇开始。

元、明、清三代，中国陶瓷产业工艺和艺术达到了鼎盛，均以景德镇陶瓷为代表，现代拍卖的元青花、鸡缸杯等天价陶瓷均产于景德镇，景德镇瓷都之名享誉世界。

清代晚期至新中国成立，由于战乱，我国的陶瓷产业发展遭受到重创。

新中国成立后，我国的陶瓷主要产区在生产上均有较大幅度的提升，1949~1952 年，陶瓷总产量即恢复到战前的生产水平，其中江西的景德镇陶瓷产区、广东石湾陶瓷产区恢复较快，河北唐山、湖南醴陵、江苏宜兴、山东淄博等陶瓷产区的生产也得到了有效的恢复。

可惜的是，正当全球陶瓷产业迅猛发展，我国的陶瓷产业错过了这个机遇，从全球来看，在这个时期，世界其他产瓷区的装备技术水平都逐步达到或者超越我国陶瓷产业水平，我国的陶瓷产业制品的附加值渐渐跌落到了较低的水平。

直到改革开放后，我国陶瓷产业发展遇到了新的机遇，经过近40 年的迅猛发展，我国陶瓷产业产值和陶瓷产品出口均重新回到世界第一的位置，但高附加值和技术创新仍然任重道远。

第五章　我国陶瓷产业集群区域布局

我国陶瓷产业总体呈现"大分散、小集中"的布局特征，历史演化、新兴技术的引入和国内外市场需求造就了一批具有地理集聚、配套完整和技术优势突出的生产基地。陶瓷产业与艺术、科技、互联网的融合发展和循环化、低碳化，以及清洁生产的绿色发展理念将引领行业发展新方向。本章首先介绍我国陶瓷产业集群的地区分布，同时详细论述了各产区的核心产业集群，其次分类型阐述我国各类陶瓷产业的区域分布，最后分析我国陶瓷产业集群区域布局的动向和趋势。

一、我国陶瓷产业集群地区分布

由于历史发展、地理位置和自然资源等多种因素影响，我国的陶瓷产业的地理位置相对集中，其中广东产区、江西产区、山东产区、湖南产区的销售占比超过全国陶瓷产业总销售额的70%。而在各大产区中，又存在核心产业集群，它们彰显地区实力和特色，成为产区的区域品牌代表，是我国陶瓷产业及各产区的中坚力量。

（一）广东产区——佛山陶瓷产业集群

广东省陶瓷产区主要集中在佛山、潮州等地区。其中佛山集群以生产建筑陶瓷为主，潮州以生产日用陶瓷为主，陶瓷产值近2000亿元，陶瓷生产线超过1000条，建筑陶瓷产量曾经达到全球的30%以上，后由于广东省实施大规模的陶瓷产业转移政策，产值有所下降。佛山市的南庄镇号称中国建筑陶瓷第一镇，佛山陶瓷产业集群也成为广东省陶瓷产业发展的领军。

1. 佛山陶瓷产业集群发展历程

佛山陶瓷产业发展源于石湾，最早可追溯到唐代，明清进入鼎盛时期，具有"南国陶都"，"石湾瓦，甲天下"等美誉，当地盛产各种陶瓷瓦、日用陶瓷、工艺园林陶瓷等，不过产业发展长期停留于手工制作和传统烧制。改革开放以后，佛山陶瓷产业进入快速发展阶段，成为全国最大的陶瓷产业基地，涵盖了建筑卫生陶瓷、工艺陶瓷、工业陶瓷等多个领域，拥有一批具有全国乃至全球有影响力的企业。在产业发展初期，佛山市陶瓷产业发展的资源条件、人才储备、配套环境等方面不如景德镇、德化等传统的陶瓷基地，但由于大胆引进国外先进的生产线，用很短时间实现了从手工制陶转向大规模的标准化流水线生产，从而用较低成本迅速占领了国内外市场。另外，在快速增长的国内外市场需求带动下，一批具有市场先知先觉的企业家奋不顾身加入行业创业大军，突破传统的生产工艺和市场运作方式，通过练就应对国际市场变化的快速反应能力，实现了产业发展原始资本积累。同时，越来越多的企业通过承接国际产业转移和国外订单的方式实现产业技术升级和品牌推广，涌现出一批综合优势较强的行业领军企业，如鹰牌、东鹏、新中源、新明珠、蒙娜丽莎等知名企业。

20 世纪 80 年代以来，佛山市陶瓷产业集群走过了从技术引进、技术升级到产业对外扩张的道路。改革开放初期，广东佛山陶瓷集团从意大利引进了第一条现代卫生陶瓷生产线，成为产业集群发展的"引爆点"。这家国有企业不仅为当地带来先进技术的"种子"，同时也培养了一大批的专业技术人才。由于 80 年代建筑卫生陶瓷行业发展正处于市场切入阶段，国内市场出现供不应求的局面；同时，在佛山陶瓷集团的带动下，一大批民营企业积极进入这一行业当中，有些企业家甚至将压砖机喻为"摇钱树"。90 年代，佛山陶瓷产业呈现星星之火燎原态势，从石湾向周边乡镇迅速蔓延，中小企业成为行业的主力甚至出现村村点火、户户冒烟的情形，建筑卫生陶瓷市场也很快进入饱和阶段，产品价格明显下降。在此阶段，大大小小的专业市场开始出现，外销市场也不断扩大，许多市场意识较强、技术和品牌优势的企业专门从事订单生产，直接对接欧、美、日等发达国家市场。在激烈的市场竞争下，部分企业大胆创新，研发出低成本的设备和生产工艺，从而推动行业技术革新。到 21 世纪初，佛山陶瓷产业开始从数量扩张向质量升级的跃迁，陶瓷设备、陶瓷设计、陶瓷物流、陶瓷商贸等相关配套产业迅猛发展，上下游产业链更加完整，陶瓷产业集群日趋发展成熟，行业协会作为中介组织发挥着技术推广、市场开拓、项目融资等作用。2008 年，国际金融危机发生以后，佛山市外向型的陶瓷企业深受冲击，许多企业开始转向国内市场，在中西部地区设立生产基地，大力实施流水线自动化改造、大型先进设备、自主品牌、电子商务、个性化订制等升级举措。

2. 佛山陶瓷产业集群发展布局

（1）在佛山陶瓷取得辉煌成绩、快速发展的背后，也遭遇到了产业发展的瓶颈期。一方面，生产耗能高，环境严重污染，污染防治以及节能减排产生巨大压力，同时，能源要素的供给量不足，环境的制约程度加深，劳动力市场短缺，生产成本不断提高；另一方面，国外陶瓷市场萧条，国内房地产市场波动较大，同时，面对国外制陶企业的技术壁垒和不断的反倾销诉讼，陶瓷产品出口量不断下降，挤压微薄的利润，一部分企业无法继续生存，佛山陶瓷产业面对转型升级。佛山陶瓷产业集群面临的主要问题具体表现为：

1）逐步上涨的企业生产成本。从生产成本构成角度看，建筑陶瓷企业的成本分为燃料20%、原料30%、设备折旧15%、销售和人工费用分别占10%，还有税收及行政规费，分别占成本的8%和7%。制陶的化工原料、色釉料和包装材料以及技术工人也面临招工难。另外，佛山瓷土资源紧俏。佛山地区的制陶用土已经用尽，生产企业需要的瓷土从东莞、肇庆等地购买，其中佛山地区有上千条陶瓷生产线，陶土市场需求量大，还有运输成本的不断上涨，造成佛山陶瓷的生产成本持续增加，迫使陶瓷企业转型升级。

2）不断凸显的环保问题。陶瓷生产污染严重，而集聚式发展更加加剧和恶化了污染。废气排放量、二氧化硫排放量、工业粉尘排放量都较严重，但不少陶瓷企业对环保投入力度不够，缺乏环境保护与治理意识，使得环境质量不断恶化，造成产业与城市发展极不协调。

3）研发能力欠缺。路径依赖和低端锁定都属于陶瓷企业存在的主要问题。大部分企业都因为缺乏创新性，力度投入不充足，技术不过关，从而形成研发能力不足。佛山的优势行业里，陶瓷建材大中型企业约占比16%，但研发投入和研发人员数分别只占0.2%和2%；体现创新能力的指标，专利申请总数和发明专利申请总数分别只占0.5%和5.6%。为降低生产成本，大多数企业缺乏从产品设计到产品生产的自主研发能力，主要采用模仿的形式，这样就使得大部分生产的产品严重缺乏竞争力，生产质量也不过关，因此，佛山陶瓷业的优势消退，逐步陷入低谷困境。有些佛山陶瓷企业缺少战略意识，缺乏企业发展长远规划，满足于贴牌方式来获得稳定的外销渠道，这也无法从低端制造向价值链高端环节延伸，产品附加值低。

（2）为了应对不断上升的成本、资源环保压力，佛山陶瓷产业集群实施布局调整，从以下几个方面推动陶瓷产业集群的转型升级：

1）实施产业转移战略。经过30多年的发展和积淀，佛山陶瓷产业已经成为国内首屈一指的陶瓷产区，大量陶瓷企业集聚于此，形成陶瓷产业集群，在技术、资本以及管理水平上都具有一定的优势。但是，随着资源成本、环保压力的逐渐增强和显现，佛山陶瓷产业集群面临极大的挑战，集聚发展的优势逐渐减弱。鉴于此，佛山地方政府对陶瓷产业集群重新进行布局，提出"扶持一批、转移一批、关闭一批"的方针，大力实施陶瓷产业转移战略。从2002年起佛山陶瓷通过这种转移生产制造环节的方式，形成了以佛山以及周边的清远、河源、肇庆、四会、新兴等广东省产区及国内如四川、湖南、河南、重庆、江西、山东等产区，已经有20多个生产基地在全国不同地区建立，建成了近1000条的建筑卫生陶瓷生产线。

2）大力发展总部经济。在实施生产制造环节外部迁移的同时，佛山大力打造陶瓷产业总部经济。重点在于总部功能区的建立，延伸陶瓷产业价值链的两端，推动陶瓷研发、设计、会展、物流、营销、旅游等的发展，向国外传播陶瓷文化，促进陶瓷产品出口。作为传统商贸强镇广东佛山应该充分利用自身的地理优势，鼓励国内外更多的高水平物流企业以及第三方物流企业建造在佛山，极力推进综合型商贸物流中心的建设，同时还要大力开展生产性服务业，努力实现制造到服务的转变。

3）推动陶瓷文化创意产业发展。全力投注陶瓷文化产业的发展，结合佛山丰富的文化历史资源，发展陶瓷旅游产业的地方特色性。例如，通过举办各类陶瓷艺术活动，借用石湾陶艺博物馆、南风古社、长廊步行街等众多平台优势，宣扬陶瓷文化，将文化旅游与品牌知名度相结合，更好地提升陶瓷文化的价值空间，促进高科技技术与陶瓷文化的结合，增加其附加价值。伴随着社会的飞速前进，人们更加注重传统产品的质量的同时，逐步增加对传统产品艺术功能以及文化质量的关注度，因此企业要始终将创新作为公司发展的第一要素，通过大力宣传将陶瓷文化与研发设计产品以及品牌营销紧密结合，打造产业链的高附加值。

4）打造陶瓷精品工业园，建设公共服务平台。重点解读循环经济园区的要求，重新布局规划部分区域，打造专业化的陶瓷精品工业园，合作集体利用多种基础公共设施，可以使得产业发展的成本得以极大减少，更有利地推进企业集群化。增加企业技术的创新性，健全相关机制，能够快速提高企业实力。同时监督企业增加在研究开发人员方面的资金投入，对重点企业技术创新加大支持力度。对那些有一定的牵动力，能够提升产业集群附加价值、带动周边产业发展的项目，应予以大力支持，如在发放贷款、政策扶持等方面。像蒙娜丽莎集团这种被国家认证的龙头知名企业，不仅拥有多种技术人才、科研资源，并且能够依靠自身的平台优势以及创新优势，进行创新性的升级与转型，推进整个企业链的全面发展。再加上自身的核心竞争力强，拥有自主的知识产权意识，能够成为在国内甚至在国际上占有一席之地的大公司、大企业集团，让其在产品设计和技术研发、技术创新以及在管理和营销水平上都能够快速追赶，加速向国际大型企业看齐，在国际分工体系不断提升自身企业的地位，参与全球竞争。

建设公共服务平台，实现关键共性技术的突破。为了解决企业研发经费不足的制约以及关键共性技术基础性、周期长等特点的影响，佛山地方政府、陶瓷企业、陶瓷科研机构三方联合打造技术创新中心和平台，为企业在开发新产品和检验检测产品过程中遇到的技术难题提供全面的解决方案。开展陶瓷产业的服务外包，主要包括物流和提供陶瓷原材料等，解决物流运输承受能力差、原材料用量制约的弊端，逐步完善健全大型装饰材料市场，拓展陶瓷产业的产业链。与此同时，要加大与其他发达城市与陶瓷产业相关联的产业的通力合作，共同发展，促进整个佛山产业链的延伸升级。

（二）江西产区——景德镇陶瓷产业集群

江西陶瓷产区历史悠久，景德镇陶瓷产区为其代表，但随着改革开放的不断发展，以及广东的陶瓷产业转移政策，江西其他地区陶瓷产业发展也较迅速，其中景德镇陶瓷产区以艺术瓷、日用陶瓷为代表，高安、丰城、萍乡的建筑陶瓷、日用陶瓷、工业陶瓷发展较快。

1. 景德镇陶瓷产业集群发展历程

景德镇瓷器开始于东汉时期，经过上千年的不断演化，精美绝伦的瓷器享誉全世界，所以自古便有"瓷都"的美誉。历史源远流长的景德镇瓷器的生产，至清朝达到历史顶峰。景德镇生产的绚丽多彩的名贵瓷器，沿着陆上"丝绸之路"，海上"陶瓷之路"，"行于九域，施及外洋"为弘扬中华历史文化艺术及经贸往来做出巨大贡献，对世界文化进步与发展发挥积极作用。2013年全年景德镇市陶瓷工业实现总产值249.3亿元，同比增长15.95%；陶瓷固定资产投资达77.06亿元，同比增长10.09%；陶瓷产业税收达到3.86亿元，同比增长10.29%；陶瓷出口10436万美元，同比增长1.72%，经济发展态势良好。

　　景德镇市陶瓷产业招商引资成果丰富，不断组织企业参加外来招商活动，如广州国际采购中心景德镇市招商招展会、成都品牌陶瓷购物广场招商发布会、南京跨国零售集团采购会、京东商城电子商务招商会等，积极配合做好名坊园第一批手工制作陶瓷企业的签约落户工作。2013 年全市陶瓷行业共引进内资 43.38 亿元，成功签约项目 27 项。

　　陶瓷品牌建设不断创造佳绩。2013 年景德镇市陶瓷注册商标已打 550 余件，超额完成"十二五"发展目标，市知名度商标发展到 35 件，省著名商标发展到 43 件，中国驰名商标达到 3 个。与此同时，景德镇市认真做好陶瓷品牌建设的推广和宣传工作。

　　陶瓷知识产权保护工作成效显著。①不断推进《景德镇知识产权保护管理规定》工作，该《规定》在 2013 年 6 月中旬上交市政府审批，根据市领导和有关部门的审定，多次讨论先后征集意见 11 次，经过 4 次修改，在 12 月上旬正式上报市政府法制办审核无意见。《规定》对景德镇市陶瓷市场秩序、巩固陶瓷的主导地位具有十分重要的意义。②加大陶瓷市场的整治力度。2013 年，政府向各陶瓷生产企业下发《关于景德镇陶瓷知识产权保护管理办法》，进一步提高生产企业的知识产权保护意识。同时，为进一步规范陶瓷市场的发展，质监局、工商局和公安局等相关执法部门联合对陶瓷市场进行检查，对于假冒伪劣和侵犯知识产权、陶瓷商标的行为进行严厉查处，采取相应措施引导陶瓷业主合法、诚信经营。③经贸交流、产业文化发展不断增强。2013 年，景德镇陶瓷企业参加广交会、华交会和义乌文博会等经贸展览活动。为促进陶瓷产业文化交流发展，鼓励陶艺家参加宜兴国际陶瓷文化节、韩国利川陶瓷节、禹州陶瓷文化节等活动。2013 年景德镇国际陶瓷博览会成功举办，现场交易额达到 8216.46 万元（含拍卖），同比增长 87.23%，内外贸订货额分别达到 9.519 亿元和 1.6 亿美元，同比分别增长 5% 以上。2013 年，景德镇市着力打造一个近百亿元规模的陶瓷特色产业带——"陶溪川 CHINA 坊"国际陶瓷文化产业园，基础建设正稳步推进。同时，致力打造景德镇陶瓷文化创意园区，力争园区成为集文化创意、陶瓷博览、商办聚集和生态宜居于一体。陶瓷文化创意园区的快速蓬勃发展吸引国内外主流的关注，全球近百家媒体聚焦景德镇，报道景德镇陶瓷产业转型发展的创新举措。

2. 景德镇陶瓷产业集群发展布局

（1）打造完整的生产体系和齐全的产品种类。经过长期以来陶瓷业的不断发展与完善，从原料开采、设备制造、辅助生产配套到最后的陶瓷产品的生产这四个环节，景德镇已经基本形成了完整的生产体系。景德镇以具有传统特色的日用瓷、工艺瓷为主体，辅助有工业陶瓷、建筑卫生陶瓷、电子陶瓷等多种门类，其中电子陶瓷、工业陶瓷等是近几年增长相对较快的新型陶瓷。可以说景德镇现在已经形成了种类齐全的产品格局。

（2）承接产业转移和发展文化创意并举。在东部地区陶瓷产业转移的大趋势下，景德镇大力开展招商引资，利用区域优势和良好的产业基础，吸引了大量陶瓷企业来景德镇安家落户。为了防止"承接转移，承接污染"，景德镇市政府布局工业园建设，把转移进来的陶瓷企业安置在工业园内，统一进行规划和管理，尽量减少工业发展对环境的污染。除了陶瓷制造，景德镇还坚持陶瓷文化创意并举，引进诸如陶溪川、三宝瓷谷等大型文化创意基地，发展陶瓷文化创意产业。陶溪川是以陶瓷文化创意为核心的大型园区，现已成为集文化创意、会展、休闲、旅游、餐饮为一体的综合体，是未来陶瓷文化创意发展的主要模式。

（3）整合区域优势，打造区域品牌。一般来讲，区域品牌的背后都一定有产业集群的支柱，产业集群是区域品牌的基础点，只有产业集群更好的发展，品牌效应才能更加持久、更加广泛，品牌形象才能塑造得更好；同样的，树立良好的区域品牌也会使产业集群的发展更加迅速。产业集群和区域品牌属于相互促进相互依存的存在形式。景德镇不仅仅是地名，它还是区域品牌。数千年的制瓷历史，使景德镇成为蜚声中外的陶瓷重镇，这个区域、这个名字本身就是一种品牌。在品牌为王的时代，陶瓷产业可以利用区域优势，大力发展区域品牌，提高知名度。

（4）保护陶瓷工业遗存，大力发展陶瓷旅游。较其他产瓷区而言，由于景德镇具有悠久的制瓷历史，所以景德镇存在丰富的陶瓷工业遗存。这些陶瓷遗存的保护和利用，也成为景德镇陶瓷工业振兴的重要组成部分，也成为区别于其他产区、彰显地区特色的重要资源。用现代技术和风格改造和利用传统遗存，既是对遗存的保护，也重新挖掘了遗存的价值，这是景德镇陶瓷产业集群发展中别具一格的地方。以国有大瓷厂宇宙瓷厂、建国瓷厂打造的陶溪川——建国陶瓷文化创意园成为工业遗存开发利用的成功典范，已成为景德镇陶瓷文化创意产业的名片。

（三）山东产区——淄博陶瓷产业集群

山东陶瓷产区主要分布在淄博和临沂，淄博市号称北方瓷都，占全省陶瓷生产量的一半以上，陶瓷企业近千家，主要生产日用陶瓷和建筑陶瓷。

1. 淄博陶瓷产业集群发展历程

淄博市陶瓷生产历史久远，大汶口文化时期就开始从事陶器生产，虽经过跌宕起伏的历史长河，但始终没有彻底绝迹。20 世纪 80 年代，淄博市陶瓷产业迎来历史发展新机遇，新技术、新工艺和新设备的推广使用促使行业走出低谷、恢复生机。液压成型、快速干燥、重油烧成、辊道烤花等工艺装备投入使用，使得一些工序可以摆脱传统手工加工，开启自动化流水线作业，这标志着行业进入大规模的标准化生产阶段。而滑石瓷、色瓷、硬质陶、高频瓷、压电陶瓷等日用细瓷和技术陶瓷以及无苯金水、多种颜色釉等新型装饰材料研制成功和刻瓷、彩釉绘画等装饰方法引入又将产业发展推向新的高度。到1987年，17家市属及以上国有企业和50多家区属或乡属村办企业成为行业发展的主力军。这些企业涉足原料矿采选、专用设备生产、工艺设计、包装涂装、研发试验、人才培养等环节，初具产业集群发展的基本条件。山东省陶瓷公司作为集群龙头企业扮演着技术创新引领与传播的主导者。改革开放初期，山东省陶瓷公司利用企业改革契机，坚持以名优产品为重点、以骨干企业为依托、以技术开发和推广为纽带，推动跨所有制、跨地区、跨行业的横向联合，组建了各种利益关联的企业联合体，奠定了产业集群的最终组织形式，带动一大批中小企业快速成长。

20世纪90年代，淄博市陶瓷产业集群进入市场网络延伸、产业链延伸和创新链延伸的大发展阶段。许多企业积极开拓海外市场，将注意力转向国外订单，从中赚取外汇。同时，在以工促商理念的引导下，数十家陶瓷生产企业开办了各类三产下属单位，将产业链延伸至陶瓷相关服务环节，如专业市场、物流、外观设计等。此外，省陶瓷公司仍然扮演着行业创新者的角色，省硅酸盐研究设计院、淄博陶瓷机械厂等单位先后完成了一批国家和省部级攻关项目，填补了多项国内空白，解决了制约陶瓷产业的颜料、设备、工艺等方面难题。同时，随着企业改制，有一大批区属或乡镇村办企业通过改制转为股份制或私营企业，从而激发了市场活力。省陶瓷公司成立了多家中外合资或合营企业，山东陶瓷联合总公司在美国设立首家境外企业。此外，省陶瓷公司开始探索企业租赁经营的改革，将连年亏损的淄川陶瓷厂交由华光陶瓷公司租赁经营，这不仅有利于这家老国有企业脱困，也帮助了民营企业实现原始的技术积累，为华光集团日后成为行业龙头企业奠定了坚实的基础。1995年，山东陶瓷工业协会成立，吸纳了一批陶瓷行业企业会员，带领行业从野蛮生长走向有序组织。

21世纪初，淄博市陶瓷产业集群进入脱胎换骨的发展阶段。国有企业和科研单位转制，省硅酸盐研究设计院转为企业，成立了山东硅苑新材料科技股份有限公司。企业进园区发展开始出现，博山私营陶瓷工业园区、旭硝子工业园等专业园区建成，吸引数十家民营企业入住。山东淄博华光陶瓷股份有限公司、淄博工陶耐火材料有限公司、山东硅苑新材料科技股份有限公司三大行业核心企业成为集群领军型企业。陶瓷与艺术、科技、金融的融合是淄博市传统陶瓷升级转型的主攻方向，山东陶瓷工业协会民间陶瓷文化研究会、艺海阁陶瓷艺术发展中心等专业机构和组织纷纷成立，带动了陶瓷艺术品步入正轨。同时，由山东省工业陶瓷研究设计院、山东硅苑新材料科技股份有限公司和山东理工大学共同组建的国家工业陶瓷材料工程技术研究中心正式成立，标志着淄博市工业陶瓷技术创新具有国内领先地位。国际金融危机发生后，尽管出口受到了冲击，但由于企业市场切换及时，许多中小企业迅速发展起来，到2014年底，淄博市陶瓷产业已拥有496家规模以上企业，实现主营业务收入1128亿元，共有中国驰名商标8个、山东省著名商标22个、山东省名牌产品31个，具有"淄博陶瓷·当代国窑"的名誉。

2. 淄博陶瓷产业集群发展布局

（1）淄博陶瓷产业集群发展存在问题。

1）资源枯竭，能耗大，环境污染严重。淄博生产陶瓷的大部分原材料和燃料需要从外地采购，导致生产成本提高，且容易受到原料产地供给制约。淄博陶瓷产业能耗大，工业总产值占比与综合能耗值占比不相匹配，据统计，2008年淄博市建筑陶瓷工业总产值占全市规模以上工业总产值的7.2%，而综合能耗却占全市规模以上工业企业耗能的13.3%。与此同时，陶瓷生产释放出大量污染物，对环境造成严重污染。综合这几方面因素，淄博陶瓷产业近年来出现向外迁移的趋势，把生产制造迁移到资源条件更优越、环保要求更低的中西部省份。

2）缺乏知名品牌，品牌意识淡薄。大多数淄博企业在自身品牌建设方面存在经营意识不足的现象，贴牌企业占据相当比例。借助贴牌方法，贴牌使得企业产品价格提高，但生产的主要利润会分给贴牌企业，这使得多数企业变成某些知名企业的代产企业或者"生产车间"。这种行为是极其短见的，影响淄博陶瓷产业的可持续发展。当然不可否认的是还存在部分企业开始重视品牌建设，但是力度不够。多数陶瓷企业在做产品上投入大把精力，在品牌培育和运作上却不予重视。

3）创新能力不足，建造水平低下。有些企业存在生产能力和生产设备相似的现象，导致重复建设较多。一方面是由于政府部门在陶瓷产业整体规划方面存在认识不清晰的问题，从而导致重复建设较多；另一方面是企业自身的问题，创新型人才的投入过少，使得产品的技术水平不足，很多产品严重缺乏创新性，这种同质化的恶性竞争会导致部分企业不得不将自己的市场份额拱手相让。

4）市场竞争无序，不断挤压陶瓷制品的出口价格。淄博陶瓷生产企业还处于转型升级时期，恶性循环更加恶化激烈的市场竞争，让市场处于无序形态。由于陶瓷出口市场存在产品单一的问题，使得出口市场缺乏竞争力。建筑陶瓷和日常陶瓷属于淄博的主要出口产品。但出口产品中低档陶瓷占主要部分，对于高利润的陶瓷淄博企业的产量以及出口量都非常少，这样导致绝大多数产品的出口地是非洲或者亚洲的发展中国家，对于欧洲、美洲、大洋洲需要高档瓷器的地区出口量非常少。即便偶尔会得到欧美的订单，但厂家缺乏生产能力，无法满足客户的要求。

5）企业管理者的知识文化水平不够高，导致很多管理观念不合理，用人机制也存在严重的弊端。淄博主要的陶瓷企业还属于家族企业，或者民办企业。领导者教育水平达不到，缺乏管理经验，在企业的长远发展规划上也不够深谋远虑，计划性不强。管理者中普遍存在"小富即安"的思想，有些企业在实现温饱以后就选择停滞不前，不再采取措施进一步提升企业发展。另外，部分中小型企业不重视人才，也缺乏以人为本的发展理念，进而导致企业人才严重匮乏，制约企业的健康快速发展。

（2）基于上述问题，淄博市以产业调整优化升级为主线，以保护环境、节约能源为关键，对陶瓷产业集群发展进行重新布局。

1）促进建成完备的现代陶瓷产业链。延长陶瓷产业价值链，提升产品附加值，从生产加工制造等基础低端环节向研发、设计、装备、销售、会展、物流、旅游、体验等高附加值环节攀升，这样不仅可以克服资源环境约束，还能促成陶瓷产业转型升级，避免产业转移导致的"空心化"对淄博地方经济造成的负面影响。

2）控制淘汰落后产能，实施清洁生产，制定并严格执行产业准入标准。在资源环境面临严重压力以及陶瓷产能严重过剩的情况下，淄博市严格控制陶瓷生产总量，淘汰落后产能；严格执行行业准入标准，对新建、扩建一般性生产线进行严格把控，防止低水平重复建设，浪费资源，污染环境。鼓励发展高新技术陶瓷和节能环保工艺技术，提高产品质量档次，提高产品附加值。推行清洁生产，发展循环经济，积极开展 ISO14001 环境管理体系认证，建设陶瓷污染排放物处理中心，对污染物进行无害化处理后再排放，同时推广天然气等清洁能源的使用，从源头上对污染物进行把控。

3）培养一批骨干龙头大企业，大力实施品牌发展战略。在资源稀缺成本增加、环境污染和产能过剩的宏观经济背景下，政府应鼓励企业通过并购、重组、联合、上市等方式扩大规模，培养一批骨干龙头大企业，通过骨干龙头大企业的影响力，营造一批品牌。淄博市政府积极扶持淄博城东集团、山东皇冠陶瓷有限公司等一批骨干龙头企业，创建自主品牌，联合推动区域品牌的发展，并积极对外拓展和延伸，争夺国内外市场。

4）鼓励自主创新，积极开展产学研合作，完善区域创新体系。为避免陶瓷产品低水平重复建设，淄博市鼓励陶瓷企业自主创新，政府资金、企业资金和社会投资三方结合，并积极推动企业与高校和科研机构合作，建立产学研联盟，提高陶瓷企业的新技术开发能力，加快关键共性核心技术的联合研发，建立完善的区域创新体系，使创新成为推动淄博陶瓷产业集群发展的重要动力。

（四）湖南产区——醴陵陶瓷产业集群

湖南陶瓷产区主要集中在醴陵，醴陵号称五彩瓷都，主要生产日用陶瓷、建筑陶瓷、工艺陶瓷、电子陶瓷、新型陶瓷五大系列，成为中部地区发展比较迅速的陶瓷产区，正在朝着打造千亿产业集群的目标布局。

1. 醴陵陶瓷产业集群发展历程

醴陵陶瓷生产历史悠久。商周时期已开始制陶，东汉时，就已经形成规模化的陶器生产。1729 年，醴陵开始生产粗瓷，实现由陶器到瓷器生产的重大进步。1904 年，清政府官员熊希龄在醴陵创办湖南瓷业学堂和湖南瓷业公司，生产细瓷。此后，在不断创新和尝试下，在传统青花的基础上，生产出独具特色的釉下五彩瓷，并屡获国际大奖，醴陵陶瓷开始名扬国内外。但受多次战乱的影响，湖南瓷业公司于1930年倒闭，醴陵瓷器的生产也由此中断。

新中国成立后，醴陵陶瓷恢复生产，失传已久的釉下五彩陶瓷生产也得到恢复。一些专业性的陶瓷研究机构如湖南陶瓷研究所等得以建立，对釉下五彩装饰进行专门研究和生产。这一时期，醴陵陶瓷实现了机械化生产，陶瓷材料、生产工艺、陶瓷燃料均取得了重大突破，还作为"国瓷"被赠送给国外元首，具有较强的影响力。

改革开放后，非公有制经济占据主导地位，国有陶瓷企业逐渐退出市场。这一时期陶瓷产品结构丰富，由单一日用瓷向工业陶瓷、特种陶瓷、建筑陶瓷等多类型转变。在市场激励和政府扶持下，醴陵陶瓷产业得到了长足的发展。2003年，醴陵陶瓷产业被确定为湖南省十大标志性产业之一，2006年列入全省50个支持优先发展的重点产业集群，2010年列入全省"四千工程"范畴。2013年醴陵获评湖南省首批特色县域经济重点县，陶瓷产业获得"3年3个亿"的资金和政策扶持。醴陵陶瓷产业正朝着成为众多企业聚集、容纳大量劳动力就业、产品品种丰富、产值利税双增长的千亿陶瓷产业集群进军，成为中部地区颇具发展潜力的陶瓷产业集群。

2. 醴陵陶瓷产业集群发展布局

（1）醴陵陶瓷产业集群发展过程中存在的问题。

1）产业专业化程度不高，企业间存在恶性竞争。醴陵现有陶瓷企业500多家，但产业专业化程度不高，缺乏专业化分工，企业小而全，不仅增加了生产成本，而且造成产业的重复建设，降低了本地产业集群的竞争优势。专业化分工的缺乏导致企业间对资源、人才、知识产权等方面的争夺和恶性竞争，破坏了行业竞争环境。同时由于行业自律机制和协调机构的缺乏，企业间相互压价，不仅降低了整个行业的利润，还制约了行业的健康发展。

2）企业规模小，缺乏现代企业管理制度。醴陵陶瓷产业集群中，大多数企业规模小。据统计，醴陵陶瓷产业集群中，销售收入1亿元以上的企业不足10家，大多数销售收入在3000万元以下。企业多是作坊式和家族式企业，难以建立现代企业管理制度，企业间缺乏分工合作，而是在同一层次和水平上进行重复建设和恶性竞争。

3）研发投入不足，难以建立自主品牌。醴陵陶瓷企业在研发投入上严重不足，据统计，2009年醴陵500多家陶瓷企业在研发上的投入不足1.5亿元，不到销售收入的1%，全年授权的专利总数为241件，发明专利数只有27件。研发投入的制约导致企业在关键技术上欠缺，使得企业很难建立自己的品牌，只能通过贴牌来出口陶瓷，赚取低廉的加工费，而利润低导致企业进一步压缩研发费用，生产低品质陶瓷，自主品牌难以建立。

（2）为实现千亿陶瓷产业集群的目标，实现陶瓷企业专业化、产业发展集群化、日用陶瓷高端化、电瓷电器现代化、釉下彩瓷国际化、新型陶瓷规模化"六化"战略，醴陵陶瓷产业集群对其发展进行重新规划和布局。

1）拓展空间布局，打造特色陶瓷产业区和配套区。进一步拓展陶瓷产业空间布局，在陶瓷工业园的基础上，发展特色城乡陶瓷工业小区，把周围城镇带动起来，延展陶瓷产业集群空间布局，并打造湘东国际物流园等陶瓷产业配套服务区，形成产业核心区、特色区、配套区三位一体的陶瓷产业布局模式，深化产业的集聚力量，抱团发展。

2）立足产区优势，重点培植四大门类陶瓷产业集群。根据产区现有的特色和发展优势，醴陵市提出重点培植工业电子陶瓷、电瓷电器、釉下五彩、陶瓷装备制造四大门类产业集群，既延伸了产业链条，又培养了产业特色和重点，形成和其他产区的差异化优势。釉下五彩陶瓷是醴陵的传统特色陶瓷，具有很高的艺术价值，可以凭借这种优势，大力发展醴陵陶瓷文化创意产业，提高产品附加值；同时，抓住国家对新型陶瓷大力扶持和陶瓷产业区域迁移和在全国重新布局的时机，有选择性地进行招商引资，快速发展重点优势门类。

3）培养一批龙头企业，加强企业间的分工协作，形成龙头企业和中小企业协调发展的格局。为防止众多小企业间的恶性竞争，应培养一批龙头企业，中小企业在龙头企业的带领和示范作用下，为龙头企业提供配套或者彼此间形成良好的竞争合作关系，加强企业间的分工协作，延长产业价值链，并通过专业化分工降低成本，提高集群的整体竞争优势。

4）加强研发投入，并可借用周边优势产区的科研力量，培育自主品牌。针对醴陵陶瓷企业研发力量薄弱、研发投入少的现状，必须加大研发投入数量，并可借用外力，利用周边的优势产区的科研力量，形成合作研发，培养自主品牌，提高产品竞争力和价值。

5）建设一系列陶瓷产业公共服务平台。为更好地为陶瓷企业提供服务，并节约服务成本，公共服务平台的建设势在必行。醴陵陶瓷产业集群着重打造了公共技术服务平台、信息技术服务平台、管理咨询平台、财政支持平台、融资平台、物流平台人才引进和培训平台，分别对陶瓷企业发展中的各项要求提供一站式服务，实施关键共性技术和服务的共享。

（五）其他产区

河北陶瓷产区主要集中在唐山，唐山市的卫生陶瓷中，骨质瓷、地砖为主要代表；福建陶瓷产区主要集中在德化、晋江和闽清，其中德化县是全国最大的西洋工艺瓷生产出口基地，晋江建筑陶瓷是该地区的支柱产业；江苏陶瓷产区集中在宜兴市，宜兴紫砂闻名遐迩；湖北陶瓷产区主要集中在宜昌，以建筑陶瓷为主；还有四川夹江、辽宁法库、广西北流、陕西阳城等地均有着较大规模的陶瓷生产。这里以西部较具代表的四川夹江陶瓷产业集群为例进行分析。

夹江县地处四川省西南部。作为乐山市的北大门，和大多数国内外传统的产业集群一样，在改革开放的大环境中，夹江陶瓷业企业选择衍生等方式来增加企业数量，集聚在夹江县逐渐形成产业集群。其发展历程可以总结为起源、起步和快速发展三个阶段。

起源阶段：夹江陶瓷产业集群的出现具有较强的自发性质，形成过程主要是市场导向型。相对于其他陶瓷产业集群，夹江县既没有悠久的陶瓷生产历史和知识积累，也没有明显优越的地理区位优势，就连在 20 世纪 80 年代的计划经济还占主流的时期，四川省规划的本省四大建筑陶瓷生产基地为威远、隆昌、达川、广元，也没有将夹江纳入其中。1987 年，正值改革开放尤其是农村改革的效果非常显著的时期，农民收入快速增加，在西部地区出现大量农村建房，小城镇建设不断升温，中小城市规划建设迅猛发展，西部地区逐渐形成巨大的陶瓷需求市场，一个日益增长的中低档建筑陶瓷市场悄然形成。但此时需求的建筑陶瓷具有重量大而且易碎的特点，使得陶瓷运输不方便，运输成本在一定程度上制约了其他地区中低档建筑陶瓷产品销往西部地区。为了就近满足市场的需求和节约运输成本，建筑陶瓷企业选择在西部就近建厂。这种情况天然地给西部地区创业者提供极佳的发展机遇，正是夹江人抓住了这次难得的历史机遇，当年第一家建筑陶瓷厂在黄土镇建成投入生产。此时的陶瓷厂还处于不断摸索、不断改造技术的阶段，积累生产经验，找到适合夹江陶瓷发展的道路。

起步阶段：由于夹江陶瓷的定位主要面向西部市场，就近销售，夹江生产的建筑陶瓷制品在当地市场上具有非常强劲的竞争力，呈现出产销快速增长的良好势头，企业生产投资回报周期短，由于利润可观，许多人开始模仿创业，相继开办同类型企业。1992 年，夹江县委、县政府提出"打经济总体战"的战略思路，从政策上鼓励和支持机关干部职工以创办、帮办、入股等主要形式创建建筑陶瓷企业。在此期间，夹江陶瓷产业的效益初步呈现，约 20 家瓷砖厂在黄土镇及周边的甘霖镇、土门乡地区相继建成。此时陶瓷企业的规模还普遍较小，并且企业各自为战。

快速发展阶段：从 1995 年开始，夹江县委、县政府从税收、土地、资金等方面出台一系列促进陶瓷业发展的政策，尤其是实行"查实定额征收"政策，即税收一定三年不变，对新办陶瓷企业起到推动和"放水养鱼"的作用。大量本地企业相继建成，并不断扩大规模，同时优惠政策吸引大量的外来投资，夹江陶瓷产业迅速扩张与发展，第一次产业集聚逐渐形成，陶瓷生产企业达到 87 个。2000～2003 年夹江陶瓷产业随着天然气管道的接通与广东佛山陶瓷企业的入驻，完成了第二次产业集聚，陶瓷企业增加到 110 个。到 2005 年夹江陶瓷形成以黄土镇、新场镇为中心，向周边甘霖镇、焉城镇、甘江镇、土门乡、三洞镇、吴场镇、中兴镇等地辐射，以生产建筑陶瓷为主的产业集群。现今，夹江凭借其天然气丰富、烧成质量稳定等能源优势、地处西部腹地的市场辐射优势以及劳动力成本低廉优势，吸引大量的陶瓷企业投资设厂，成为比较有竞争力的陶瓷产业集群。

夹江陶瓷产业集群发展过程中也存在一些主要问题：

（1）尽管陶瓷生产企业较多，但单个企业生产规模小。夹江县陶瓷生产企业总体来说具有个体数量多、规模小的特点，从 2015 年工业产值来看，夹江县规模以上的陶瓷企业一共有 76 家，其中只有新中源、米兰诺、建辉、新万兴 4 家的产值过亿元。尽管目前有企业尝试走集团化经营的思路，但因夹江产区在资源要素和地理区位上的优势，规模较小的企业仍然具有生存空间。但由于生产要素流动性强，夹江县不得不面对其他地区陶瓷产业的竞争，这种数量多与规模小的的企业，造成在整个市场竞争中拧不成一股劲，缺乏竞争力。随着市场竞争日趋激烈，夹江县陶瓷产业面临严峻的挑战，企业不断整合发展，做大做强是夹江陶瓷企业的目标。

（2）缺乏自主创新能力，区域创新系统较难形成。夹江县陶瓷企业从成立之初到现在，20 多年的发展历程，陶瓷产品不断更新换代，从低档次的内墙砖到中高档的超洁亮抛光砖、仿古砖等，陶瓷企业的自主创新能力严重不足。尽管近年来夹江陶瓷新产品的科技含量不断提高，一些企业不断增强自主创新意识，但企业自身研发投入不足，未形成具有西部瓷都特色的核心竞争力技术，模仿、贴牌生产很长一段时间阻碍夹江产区形象的提升。另外，地方行业协会、企业协会等缺乏产业规划与顶层设计，集群层面产业规划体系的短缺造成夹江陶瓷集群系统的发展无序，区域创新系统很难形成。

（3）缺乏规范的市场经济秩序，行业无序竞争严重。近年来，夹江县抓住发展机遇，努力打造西部瓷都形象，取得了显著的成绩。但是在陶瓷产业快速发展过程中，夹江陶瓷暴露出一些阻碍市场经济环境建立和完善的矛盾和问题。如存在部分企业征用土地的手续不齐备；某些企业无法按有关法律法规与劳动者建立劳动关系；部分企业缺乏基本的诚信意识，出现拖欠工资、供电部门电费以及原料供应商的设备原料款等；有些企业超标排放污染物，缺乏有效治理废渣、废水、粉尘、噪声等主要污染物的措施。这些问题都需要及时解决，否则势必会影响产业的进一步发展。此外，无序的行业内部竞争，特别是价格恶意竞争不断挤压行业利润，企业不断缩小成本导致产品陆续出现质量问题等。因此，加快整顿和规范行业市场经济秩序，创建良好的发展环境，一直是保证夹江县陶瓷产业快速健康有序发展的紧迫任务。

（4）缺乏品牌意识，知名品牌数量少。许多夹江陶瓷企业不重视商标的设计，广告宣传投入力度较低。在品牌宣传上的投资力度小导致无法迅速提高夹江陶瓷的知名度，缩小夹江陶瓷与消费者的距离。另外，企业的成长壮大离不开品牌资产的经营，品牌的输出可以导致企业规模的壮大，但夹江企业家只重视有形资产的经营运作，没有意识到无形资产的运作同样重要，导致夹江还没有出现在全国具有影响力的本土品牌，进而无法支撑"西部瓷都"的区域品牌形象。

为更好建设"西部瓷都"，夹江陶瓷产业集群将从如下方面进行布局规划：

（1）抓住"西陶东进"契机，承接陶瓷产业转移。相比其他产区，夹江陶瓷产业发展历史较短，根基不深，但具有地理、资源等优势。为壮大夹江陶瓷产业的实力，应抓住陶瓷产业西移的契机，发挥优势，吸引陶瓷企业转移，不仅引进先进生产线，还配套引进人才，对传统生产线进行改造提升。

（2）建立技术创新体系，发展中高档产品。夹江占领的多为乡镇和农村等中低档市场，但在产能过剩、资源环保压力下，这些市场的利润空间被压缩得越来越低，因此通过技术创新，提高产品档次和利润空间势在必行。同时，淘汰落后产能，关停能耗高、污染大、产品品质低的企业和生产线，双管齐下，进行产业结构转型，提高产业可持续发展能力。

（3）培养大型龙头企业和中小型配套企业，形成企业间良好的分工协作关系。品牌的建立需要大型龙头企业的带动，大型企业在新技术引进、产品质量监管、品牌塑造、推广等方面具有优势，而众多中小企业间的恶性竞争则不利于整个产业的发展，因此中小企业要积极转型，为大型龙头企业提供生产性服务，进行配套产品的生产和销售，形成良好的分工协作关系和竞争环境。

二、我国各类型陶瓷产业集群区域布局

我国制陶历史非常久远，陶瓷已成为文明古国的历史符号和民族瑰宝。相应地，地方化的制陶工艺文化世代相传，景德镇、宜兴、德化等地方都成为我国最具代表性的特色陶瓷生产基地，当地陶瓷产业集群发展比较成熟。同时，我国还有许多地方虽然制陶文化并不厚重，但通过承接国际国内产业转移的机会壮大发展了建筑陶瓷、卫生陶瓷、日用陶瓷、工业陶瓷、园艺陶瓷等产业，形成地方化强、配套相对完善、协作分工紧密的陶瓷产业集群，如佛山和泉州的建筑卫生陶瓷产业集群。尽管产业集群的出现和兴起的原因是复杂的，但世界著名的经济学家克鲁格曼教授曾经精辟地指出，产业集聚的出现具有历史偶然的因素，如一些先吃螃蟹的企业家致富故事深深地吸引了更多的人加入这个行业创业，从而导致当地产业规模迅猛增长，类似的故事几乎每天都在华夏大地重演。

（一）我国建筑陶瓷产业集群区域分布

我国建筑陶瓷产业集群空间分布总体呈现"大集聚、小分散"的特征，即规模较大的产业集群高度集中在少数几个城市，而规模较小的企业分布零星。通过对 1600 家规模以上企业空间分布调查,广东的佛山、肇庆、江门、清远、云浮,福建的泉州、福州,山东的临沂、淄博,江西的宜春,四川的乐山、眉山,辽宁的沈阳,河北的石家庄和湖北的宜昌等城市都分布着规模较大的产业集群(见图 5 - 1)。这些集群存在着一些共同的特点:第一,产业集群无论是产值规模还是企业个体规模都较大。如广东省佛山市集中分布了 242 家主营业务收入超过 2000 万元的规模以上工业企业,有 12 家企业就业人员超过 1000 人,其中 1 家企业就业人员超过 2000 人。第二,产业集群发展条件相对完善。围绕建筑陶瓷的上下游产业链配套比较完善,从原料供应、生产加工、物流配送到研发设计、市场销售相对齐全。第三,产业集群发展对市场变化敏感度高。广东、福建、山东等地的建筑陶瓷产业集群有相当大比重的产品主要满足海外市场,而内地的建筑陶瓷产业集群生产则主要是面向国内市场。第四,要素成本和生态环境约束是推动产业集群转移升级的关键动力。随着要素成本快速上涨,我国建筑陶瓷产业集群跨地转移布局的趋势明显,江西、河南、安徽、湖北等省成为建筑陶瓷产业集群的承接地。

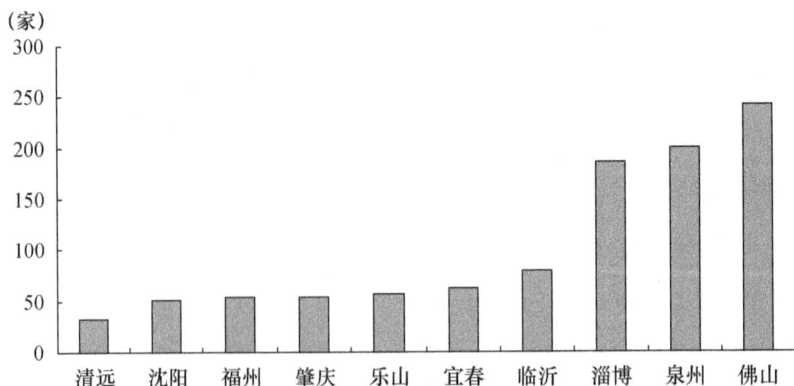

图 5 - 1 建筑陶瓷产业集群的地区分布

注:主营业务收入在 2000 万元以上的企业数。

（二）我国卫生陶瓷产业集群区域分布

我国卫生陶瓷产业集群高度集中在东部沿海地区特别是珠三角和长三角，中西部部分省区也有分布，但企业数量较少。通过对1794家行业企业地址进行深入调查，广东的潮州、佛山、中山，河北的唐山，浙江的杭州、台州、温州、绍兴，上海，河南的许昌，福建的泉州、厦门，四川的成都，重庆等城市分布着规模不等的产业集群（见图5-2）。其中，潮州和佛山是我国卫生陶瓷企业分布最集中的城市。这些集群发展都有相对较好的基础，主要特点表现为：第一，产业集群不同规模的企业数量众多，中小企业扮演着主体角色。如广东的潮州共有企业611家，其中61家规模以上的企业，85%以上企业的主营业务收入少于1000万元。第二，产业集群体系比较完整。卫生陶瓷的上下游产业链协作比较健全，服务市场导向的营销网络发达，品牌建设受到重视，与国际知名卫浴企业合作增多。第三，产业集群发展受房地产市场影响较大。广东、河北、福建、河南等地的卫生陶瓷产业集群生产出来的产品主要满足国内和发展中国家市场，与欧美日同类产品形成差异化市场竞争，具有较强的价格竞争优势。第四，要素成本、环境保护和消费市场多样化需求倒逼了产业集群转移升级。随着劳动成本快速上涨，我国卫生陶瓷流水线作业的生产方式遭遇严峻的考验，有些企业"闻风而动"，开始到东南亚甚至非洲开辟新的生产基地。同时，随着智能家居消费理念的普及，越来越多的企业开发更智能、更舒适、更美观、更节水的高端产品，逐步缩小同国外同行的差距。

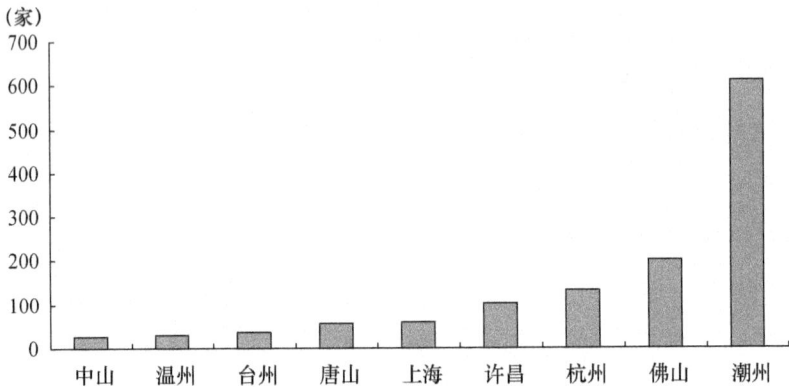

图5-2 卫生陶瓷产业集群的地区分布

注：主营业务收入在100万元以上的企业数。

（三）我国工业陶瓷产业集群区域分布

我国工业陶瓷产业集群在东部和中部地区均有分布，呈现高度集聚化的趋势。通过对2281家行业企业地址进行细致分析之后可以发现，江西的萍乡、景德镇，湖南的株洲、娄底，江苏的无锡、苏州，山东的淄博，福建的福州，上海等城市都是工业陶瓷集群主要分布地区（见图5-3）。其中，萍乡和无锡是我国卫生陶瓷企业分布最集中的城市。这些集群发展有相对较好的基础，主要特点如下。第一，产业集群都是数量众多、"个头"不大的企业聚合体。以江西省萍乡市为例，各类规模不一的工业陶瓷企业447家，其中规模以上的企业173家，占全部企业数的38.7%，近60%的企业主营业务收入不到1000万元。第二，多样化产品导向促进集群规模壮大。鉴于行业特性，许多企业面向不同工业行业需求开发各类差异化的产品，如电瓷、瓷球、蓄热体、蜂窝陶瓷、耐酸陶瓷、工业陶瓷、高强陶瓷等，小众化产品有利于占领国内外市场。第三，地方化知识溢出增强了集群根植能力。湖南的醴陵、新化，无锡的宜兴，江西的萍乡、景德镇等城市都是我国工业陶瓷的传统生产加工基地，当地技术人才较充足，市场认可度较高，形成一些行业领域较高知名度的名牌产品。第四，产业集群服务体系比较完整。为了促进当地集群健康发展，地方政府在不同时期针对集群发展需要构建了相对完善的服务体系，从公共服务到商务服务，从上游资源供应到下游开发应用，都有相应的配置。第五，产业集群发展受工业发展形势的影响较大。江西、湖南、江苏、山东、福建等地的工业陶瓷集群生产出来的产品主要为国内工业企业做服务配套，在当前工业经济下行的压力下，工业陶瓷产业集群的发展明显受到抑制，而进军国际市场的能力又显得不足，高端产品较少。第六，传统工业升级通过需求侧加快工业陶瓷产业集群转移升级。随着工业转型升级，低端的工业陶瓷产品需求规模日渐萎缩，因此需要各地工业陶瓷产业集群通过自身创新能力积累和提升，加强新产品的研发和投入，确保形成一批有市场竞争力的高端产品。同时，主动面向要素成本更低、正处于工业化时期的国家释放优势产能，以获得不同层次、有竞争优势的产品体系。

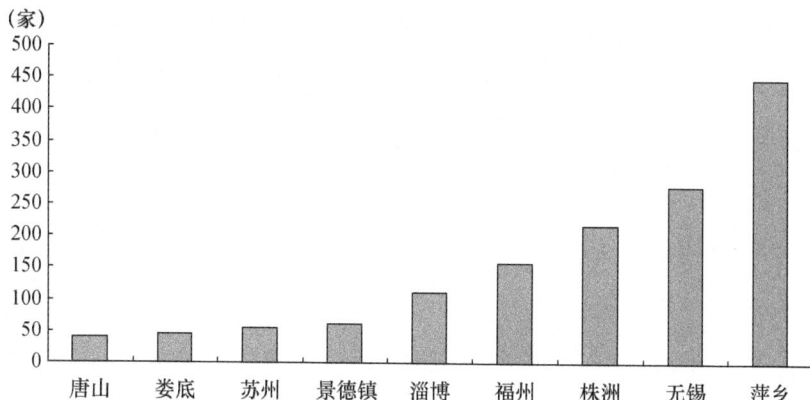

图 5－3　工业陶瓷产业集群的地区分布

注：主营业务收入在 100 万元以上的企业数。

（四） 我国日用陶瓷产业集群区域分布

我国日用陶瓷产业集群不仅体现了各地悠久的制陶历史和工艺传承，也体现了差异性产品的多样化发展趋向。从日用陶瓷产业集群主要分布地来看，景德镇、潮州、株洲、淄博、泉州等城市都是中国陶瓷名城，具有深厚的制陶文化积淀和富有魅力的工匠精神。通过对全国 3000 家日用陶瓷企业地址进行统计，广东的潮州、梅州、佛山和揭阳，江西的景德镇，河南的许昌和平顶山，广西的玉林，湖南的株洲，山东的淄博和临沂，河北的邯郸和唐山，福建的泉州，山西的朔州等城市都集中着数量不等的企业（见图 5-4）。其中，潮州、景德镇和淄博是我国日用陶瓷企业分布最集中的城市。这些集群发展历史悠久，具有深厚的特色工艺文化，主要特点包括：第一，产业集群成为数量众多的中小企业扎堆。中小企业既是市场主体，也是非物质文化的传承者，多种角色造就了一大批具有工艺技能、艺术造诣和勇闯市场的企业家。以江西省景德镇市为例，全市共有大大小小的日用陶瓷企业 254 家，其中 51 家规模以上的企业，80% 是主营业务收入少于 1000 万元的中小企业和小微企业。第二，长期以来，产业集群因缄默性知识的传承而不断延续生命。日用陶瓷与百姓的生活息息相关，是传统文化的传播载体，历史上就有许多名瓷远销海内外，成为古丝绸之路的竞争优势产品。而制陶文化的传承和创新是这类集群能够不断克服产品生命周期的关键要素。第三，产业集群支撑体系日趋成熟完善。许多集群拥有服务集群发展的技能人才培养体系，景德镇日用陶瓷产业集群许多创新人才直接来自景德镇陶瓷大学；历史积累使得这类集群具有明显地理属性，如景德镇、潮州、德化等地都是历史悠久的陶都。第四，市场需求的差异化加速了一些日用陶瓷工业基地的崛起。如山东的淄博就是以制陶为名的工业强市，分布着各类陶瓷企业，体系完善，市场发达。第五，产业集群发展受可替代产品的影响较大。由于细分市场的出现以及城乡居民生活习惯的变化，越来越多的塑料或金属制品已取代日用陶瓷制品。第六，消费的升级对传统日用陶瓷产业升级产生了倒逼的压力。我国城乡居民随着收入增长将形成一次明显的消费升级的过程，对日用陶瓷的质量和艺术水准有了较高的要求，无疑可以对传统日用陶瓷产业带来更高的研发设计要求。同时，消费者差异化的需求也给日用陶瓷产业集群带来新一轮发展的机会。

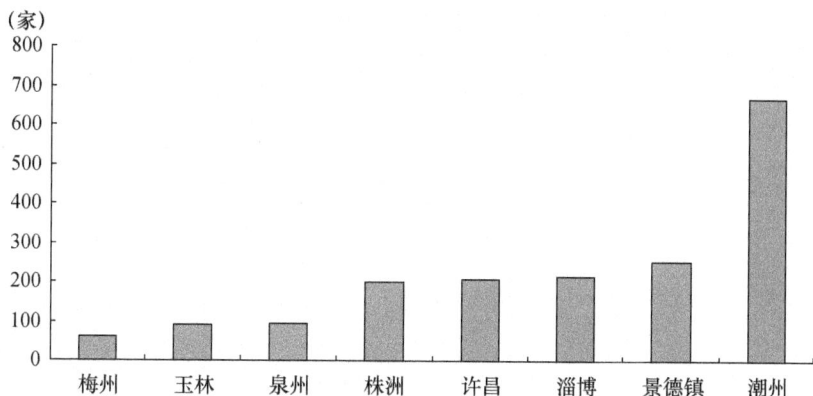

图 5 - 4　日用陶瓷产业集群的地区分布

注：主营业务收入在 100 万元以上的企业数。

（五）我国园艺陶瓷产业集群区域分布

我国园艺陶瓷产业集群主要集中在德化、潮州、景德镇、宜兴等地，这些地方都是历史上著名的园艺陶瓷生产基地。其他地方虽有分布，但企业数量非常少。通过对 1800 家行业企业地址进行深入调查，福建的泉州，广东的潮州、佛山、梅州，江西的景德镇，江苏的无锡等城市都分布着园艺陶瓷产业集群（见图 5 - 5）。其中，德化、潮州、景德镇和宜兴是我国园艺陶瓷产业四大生产基地，具有非常悠久的制陶历史，民间制陶文化浓郁，家家户户都参与产业发展。这些集群发展历史较长，路径依赖和技术创新伴随着集群的成长，而市场的力量塑造了集群形态，使之更具有弹性和活力。主要特点是：第一，产业集群由数量众多、个体很小的中小企业和小微企业构成，形成大中小企业协调发展的格局。以福建泉州为例，分布着不同规模的企业419家，仅有35家规模以上的企业，约92%的企业是主营业务收入少于2000万元的中小企业和小微企业。第二，产业集群发育比较成熟。园艺陶瓷产业集群已走向规模化的流水线作业生产，上下游产业链衔接配套比较完善，面向不同市场的销售网络比较发达，龙头企业特别是上市公司对集群资源整合和创新引领作用不容忽视，与国外企业具有同台竞争的能力。第三，产业集群发展受海外市场影响较大。除了满足国内市场需求之外，我国许多园艺陶瓷企业面向海外生产或代工生产，虽然与发达国家同类产品相比有一定的市场竞争优势，但产品品质和工艺水平明显不如国外高档产品，此外，也容易受国际市场的影响。第四，劳动力成本、环境保护和国外市场需求对园艺陶瓷产业集群升级发展带来压力。由于劳动成本快速持续上涨，环境保护的标准提高和监督力度加大，国外市场需求萎缩，使得传统的园艺陶瓷企业面临生存的压力。尽管有些企业将生产基地转移到海外，但集群内绝大多数的中小企业和小微企业仍不具有海外布局的能力。另外，也应该关注到，在历史路径依赖的过程中，我国有些园艺陶瓷产业集群开始尝试华丽转型，围绕绿色、创意和科技三大理念，培育发展地方特色的文化创意产业。

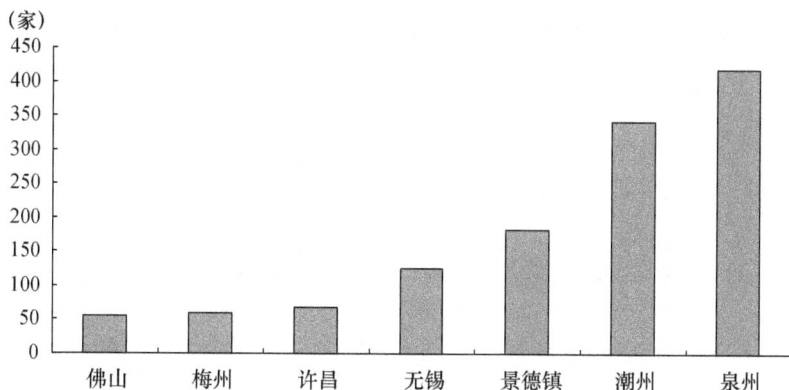

图 5 – 5　园艺陶瓷产业集群的地区分布

注：主营业务收入在 200 万元以上的企业数。

三、我国陶瓷产业集群区域布局动向和趋势

在工业转型升级的大背景下，我国陶瓷产业集群开启了从发育壮大走向素质提升的升级之路，"集群＋"的选项正成为升级的方向，如"集群＋互联网"、"集群＋文化创意"等。从国内形势看，我国陶瓷产业集群发展出现了新态势，主要表现为：

（一）抱团转移到域外发展

陶瓷产业兼具劳动密集型和资源密集型的特点，对当地资源环境和劳动力供给具有非常强的依赖。当前，佛山、淄博、唐山等传统陶瓷生产基地进入转型升级时期，陶瓷企业通过商会、协会甚至政府有组织或自发地对外投资和转移产能，以应对成本快速上涨的现实压力。如河南、湖北等资源环境容量较大、劳动力相对充足的

城市开始承接这一轮的产业转移。另一种现象就是,地方政府通过合作共建园区的方式联手推动产业转移,利用各自的比较优势将集群产业链整体打包和产业生态异地复制,实现集群共育、园区共建、风险共担、利益共享。

(二) 创建适应集群升级方向的工程技术研究平台

抓住陶瓷产业集群信息化、知识化、艺术化、金融化、全球化的趋势,重新改造既有的各类工程技术研究平台,打破工艺技术和产品设计孰轻孰重的惯性认识,重新将这类行业技术共性平台定位为行业全能性知识服务者,依托行业龙头企业和集群知识学习网络扩大技术性知识、商业模式、新业态拓展等方面的传播推广。同时,着力解决陶瓷产业集群普遍存在的"重平台、轻维护,重投入、轻建设"(即"两重、两轻")问题,力争在产业转型升级过程中补上这块短板。

(三) 促进集群地理集中化发展

我国陶瓷产业集群都不同程度出现原材料资源枯竭、环境污染排放大、占地多等问题,对城市投资环境和城市品质提升产生负面的影响,"陶都＝污染天堂"的负面形象深入人心。在直面这些不可持续发展的难题时,我国陶瓷产业集群坚持绿色发展理念,淘汰一批低、散、小、乱的企业,规划建设高标准的产业园区,吸引企业入园发展,确保环保达标。针对行业发展的内在规律,引导企业建立紧密的产业链衔接和配套联系,使企业入园区不是简单的扎堆集聚,而是共同发展。

(四) 进一步整合现有产区,打造中心—外围区域

国家应对现有陶瓷产区进行整合,划分为几大区域,每个区域

中，选择培育几个中心，中心主要承担产业链高端环节，科技研发和孵化，发展总部经济，外围区域配合中心，进行生产加工，多点布局，由中心辐射外围，带动整个区域的发展。根据目前发展和未来趋势，我国陶瓷产业布局可能形成几大经济圈：东部以佛山为中心，带动清远、河源、肇庆形成东部产区；西部以夹江为中心，带动丹棱、宜宾打造西部产区；中部以景德镇为中心，带动高安、丰城产区的形成；北方以淄博为中心，带动阳泉、临沂、法库等的发展，形成北方产区。这几大产区中，佛山陶瓷经济圈比较成熟，辐射能力较强，而佛山率先发展总部经济，把生产加工转移到外围区域，因此国家在佛山发展总部经济的过程中要给予支持和引导，在关停转让陶瓷企业时不能"一刀切"，要循序渐进，防止产业空心化，削弱佛山核心地位，从而弱化其辐射力量。

（五）鼓励产业转移，发挥区域优势，明确发展重点

陶瓷产业要实现转型升级，必须充分利用我国各区域在原材料、能源、交通、经济发展状况、生态环境、人才储备以及产业发展基础等方面存在的差异，积极引导和促进国内产能由东部适度有序向中西部转移，积极稳妥地在合适的国家或地区形成新的产能。区域间应进行分工协作，避免重复生产，东部生产高端陶瓷和发展高新技术前沿等价值链高端，中西部应把发挥区域优势、降低成本、扩大区域市场作为自己的发展重点，形成优势互补，避免同质低价竞争。

（六）倡导适度分散布局模式

经济发展需要国家控制规划，我国陶瓷产业布局已经形成了显著的集群式和园区发展模式。集中发展节约了成本，有助于信息交

流和传播，在陶瓷产业发展初期表现出了优势。但是由于陶瓷生产具有环境污染性，集聚生产超出环境承载能力，使环境难以自洁，因此现阶段陶瓷集群发展和园区规划必须进行严格控制规划。这要求地方政府在园区建设初期就必须进行合理规划，严格执行园区准入标准，布局相对分散，防止先引入发展、后治理污染的落后布局思维，遵循集中趋势下的适度分散布局模式。

（七） 鼓励生产基地布局贴近消费市场

随着原材料成本、劳动力成本和运输成本的提高，陶瓷生产利润进一步被压缩。虽然交通运输业发达，但陶瓷行业是一个大进大出的行业，原料运输需封闭防止污染，产品运输要防止破碎，因此对交通运输要求较高而且运输成本较大。基于此，生产基地应该尽可能靠近消费市场，运输半径不宜过大。此外，由于建筑卫生陶瓷和房地产市场紧密关联，随着房地产市场向三线、四线城市转移，未来陶瓷生产基地也要随之发生迁移，既贴近市场，又享受低成本扩张的优势。因此，政策要引导产业布局时贴近市场，降低无谓成本损耗。

第六章　我国陶瓷产业集群识别的实证检验

从前面分析可以看出，企业集聚后并不代表产业集群能够形成，产业集群如何判定是否形成？如何划分产业集群的标准？本章从定性分析的角度，解读我国产业集群现状识别的具体情形，认为我国陶瓷产业集群与区域经济空间的耦合是大势所趋，但是目前还存在很多因素制约陶瓷产业集群与区域经济空间的良性耦合。基于此，笔者吸收前人理论研究的成果，设计一套较完整的评价指标，剖析我国陶瓷产业集群与区域经济空间耦合的具体情况，

一、产业集群识别的理论基础

产业集群的识别具体表现为集群主体之间通过专业化分工，共同确定主导产业以及相关产业之间的联系。识别产业集群的主要理论有基于分工的关系契约理论、投入产出理论和区位商法。

（一）基于分工的关系契约理论

对于基本产业组织，在新古典经济学理论中有过这样的假设：科层组织和市场组织是任何生产组织最基础的运作模式，并且生产

组织要从事生产经营活动需要获取资源。企业生产成本与市场交易成本之间的联系决定以上两种组织形式的适用范围。然而现实经济中，众多的中间性组织存在于科层组织与市场组织之间。学术界的研究热点也变成了组织的本质与边界。Coase（1937）首先尝试从契约的角度来阐述企业的存在是契约代替的表现，从此，契约理论逐步发展与完善。契约的非完备性是指契约双方无法制定详细的条约来更好地约束对方，因为双方都无法提前预测契约实施期间所有可能出现的突发状况。契约的不完备主要有如下两点：一是有限理性，人是理性人，思维具有有限性，无法准确预测未来的变化；二是交易成本的存在，若对未来进行准确预测，将各种条款都计入契约，确保执行中存在交易成本，有时会故意遗漏某些方面，待出现时再进行协商。契约的非完备性使得关系型契约起到重要作用。

MacNeil 于 20 世纪 60 年代提出关系契约理论。MacNeil 认为合同关系是社会交换活动的主要形式。根据类型不同，合同可以分为古典的、新古典的以及关系的。当公司或者集体需要维持相互关系以及应对各方压力时，谈判中的古典合同以及新古典合同慢慢逐步脱离。成本大或者实现性小是制定和履行完全合约时存在的最大问题，合同的复杂性特质促使关系契约形式的出现，这种契约形式能够持久管理以及形成更大交易专用，且其重点不是放在契约的完备性，它仅仅是界定契约双方的关系，对契约条款的细节并不追求，在拥有共同的目标下，对行动的目的、行动适用准则、行动边界及争议解决机制等方面达成共识。因此，正式契约和关系契约存在一定的差别，即关系型契约不能完备的对所有可能存在的交易行为进行约定，只能依赖自我约束执行而不能依靠第三方。产业集群就是典型的关系型契约组织，对于集群中企业与企业的相互关系也属于关系契约，企业之间通力合作，形成良好的分工体系，根据通过的目标，自觉地履行契约关系，进而形成集群主导产业。

产业集群形成和发展的基础是分工理论。劳动分工促进效率的提升，是价值创造的源头，能够增强知识创新。依托集群企业的多样性，在专业化分工的基础上，集群主体间形成关系契约主要是通过频繁交易以及社会网络。有效履行关系契约能够更好地在集群中传播技术创新、知识，更好地形成产业竞争力。

（二）投入产出理论

投入产出理论是 20 世纪 30 年代，由经济学家 Wassily Leontief 提出的，其主要思想与结论在论文《美国经济制度中投入产出数量关系》中体现。该理论客观描述了国民经济运行中，各经济部门与再生产环节之间投入—产出间的数量关系，其主要应用领域为经济分析与控制、计划制定及政策模拟等方面。投入产出分析将经济活动按照生产工艺（消耗结构）的相似程度为依据，分成若干产业部门，突出部门之间在生产活动中的相互关系。

产业集群内涉及产品生产和服务提供，一直与外部环境保持产品供给和需求的平衡关系。因此，共生性、互补性和柔韧性的特殊性质为产业集群构成一个投入产出系统。互补性主要表现在产业链中的不同节点相互连接，表现出产品或部门间的垂直关系；共生性体现在产业链中的同一个环节，同时存在多家企业竞争生产，共享基础设施、劳动力市场、科研成果、金融中介服务等；柔韧性体现在生产任务重组上，针对环境的变化，企业采取灵活的反应，对生产任务进行重新调整。至此，产业集群内部投入与产出联系体现在产业链上下游环节和关联服务部门对相关生产的支撑。价值链上的直接产品消耗系数体现了要素消耗的作用以及生产企业的分工化程度；直接服务消耗系数决定了生产企业间的竞争化程度。

由于投入产出理论的便捷性，应用范围逐步扩大。例如，在考察地方公共品、信息等在产业集群中所起的作用时，可以在投入产出模型中加入存量、灰色等要素。但在实际操作过程中，由于计算相当复杂，对一些变量的分析比较困难。Learmonth 等（2003）指出投入产分析的不足之处是，即使识别出产业集群部门之间的弱联系，也不能确定此产业集群是弱的集群。所以，在产业集群的识别过程中，尽量将投入产出分析和其他方法组合使用。投入产出分析的优势在于能够体现产业链内部和产业结构间的经济技术联系。

（三）区位商理论

判别产业集群存在可能性的产业集群方法之一为区位商（Location Quotient，LQ）。它的核心思想是某地区某产业就业人数或总产值与相应全国水平的比值。当某地区的就业人数大于该行业全国水平时，说明该地区所生产的产品数量远远高于地区需要，即供大于求则需要出口，反之则需要从地区外进口产品。区位商可以根据产品生产的地域分布来比较在分工体系下，产业或产品的区域化水平，以此来反映地域分工的格局。

用产值表示的区位商计算公式如下：

$$LQ = \frac{\dfrac{X_{ji}}{X_i}}{\dfrac{X_{jk}}{X_k}} \qquad (6-1)$$

式中，X_{ji} 表示 i 地区 j 产业的产值；X_i 表示 i 地区的总产值；X_{jk} 表示 k 国 j 产业的产值；X_k 表示 k 国的总产值。通过计算 LQ 的大小，可以分析区域产业的分布情况。

（1）$LQ > 1$，与全国水平相比，地区内的产业专业化分工程度较高，产业在该地区的生产较集中，发展速度较快。LQ 的值越大，表明分工体系下产业或者产品的区域化水平高，更具优势。同时还表明该地区产品生产量超过该地区的需求量，除去满足地区需要之外，多余产品还可以对外输出，进而促进该地区经济的发展。通常情况下当区位商大于 1 时，该产业将成为地区主导产业，并在该区域经济发展过程中起到主导作用。

（2）$LQ < 1$，与全国水平相比，该地区内产业专业化分工程度较低，产业在地区的生产不占优。这表明该产业在本地的产出无法满足需求，其他地区还需要提供相应的产品或服务，该产业在全国不存在竞争优势，因此无法形成产业集群。当比较两个地区时，说明该地区分工体系下产业的区域化水平较低，在区域经济发展中该产业相比其他产业不具有发展优势。

（3）$LQ = 1$，行业的产出水平与全国平均水平相等，该地区的产品供需平衡，不需要额外地区输入产品。

区位商是区分分工体系的基本指标，也经常用于经济学中分析的区域产业优势与布局。当区域与区域之间规模存在差异，自然的，地区间的就业人数与经济总量也会存在较大差别，如果直接比较地区间对于某产品的市场份额，无法清晰地体现地区的产业优势。但区位商法可以排除区域规模的差异，体现地理要素的分布特征和主导经济部门的作用，清晰地反映地区间的产业优势。当分析区域产业结构时，分析区域优势产业的变动主要是通过对比产业部门的区位商，清楚各产业部门在经济发展过程中的功能，判断区域经济发展中的主导产业。

然而，区位商法也同样有一定程度的局限性。如果全国和地区间的劳动生产率不相等。假设某一产业在某一区域内的劳动生产率较高，则每一单位产出所需劳动力将低于全国平均劳动力需求，产业集群程度将被低估；反之，若该产业在该地区的劳动生产率较低，产业集群程度将被高估。区位商法无法识别出新型和小型产业集群，但由于该方法的数据易于获取，并且计算容易，在国内外的应用较广泛。

二、产业集群识别标准

20 世纪 90 年代以来，识别产业集群的思路和技术方法是国外研究的主要方向。现有的产业集群识别方法指辨认产业集群是否存在及其内部的产业联系，没有形成明确的研究结果，识别标准也未形成共识，世界各国识别产业集群的标准均不相同。

关于产业集群的识别研究，国外主要有六种辨别方法及三种思路。辨别方法是主成分分析法、波特案例分析法、多元聚类分析法、图论分析法、投入产出分析法、区位商法。后两种方法是识别产业集群过程的常用方法。产业集群的识别思路是：①根据研究的上下顺序，分为自下而上的区位法以及自上而下的产业法来识别产业集群（Martin，2003）。区位法是高度定性的一种识别某一地区是否存在集群的方法；产业法是通过选取数据类型来辨认具有一定基础的产业，主要强调专业化以及产业活动的地方化。②根据研究的最终目标，可通过宏观、中观以及微观三个不同层面来识别产业集群，层面不同所关注的点也不同。宏观层面主要是从经济整体出发，在分析产业集群关系的基础上进一步优化经济的专业化模式；中观层面则从具有相似最终产品产业链的不同阶段出发，更加注重产业的内部和产业的紧密联系，增加创新点；微观层面则注重企业与供应商之间的联系，通过分析企业的未来发展战略来协作创新项目的发展。③根据研究性质的差别，通过定性研究和定量分析的方法识别产业集群。王今（2005）认为，利用区位商进行产业集群识别的方法属于定性研究，主成分分析、图论分析和多元聚类属于定量研究。区位商的优势在于可以判断区域是否存在产业集群现象，而定量分析方法能够识别产业集群的数目、组成和内部关系。定量分析和定性研究各有特点，不能相互独立，所以在应用研究中根据需要可以选择一种或多种组合使用。

产业集群识别是指确定产业集群是否存在及其内部企业之间的关系。确定主导产业、产业链、价值链关联企业等内容是识别产业集群必需的步骤，需要六种方法的组合使用，尽可能获得产业集群的相关信息。

一是需要确定区域的主导产业，通过主导产业来识别产业集群的情况。目前存在多种方法来识别产业集群，主要包括区位商法、波特案例分析法以及投入产出分析法。李广志等（2007）利用区位商法和投入产出法的组合分析陕西省的产业集群状况，突出了产业之间的功能联系以及空间联系。但是，区位商法的不足之处是缺少产业之间联系的直接信息。

二是通过分析影响因素来识别产业集群。例如，基于企业层面的案例分析法，剖析产业集群能够发展的原因，同时总结出产业集群的优势。由于专业化区域利益和政策驱动，波特案例分析法通常可以分析出核心地区利益以及集群对企业的影响（Bergman 和 Feser，1999）。在实际应用中，人们广泛地将此种方法与区位商法结合使用。

三是通过产业数目及关联企业数来识别产业集群。主要是集合多元聚类分析、基于投入产出的主成分分析以及图论分析三种方法。通过投入产出矩阵来分析有关企业之间的联系。主成分分析方法借助投入产出模型中直接消耗系数矩阵，根据特定的决策策略把不同的产业进行不同的分配。与多元聚类分析方法相比主成分分析法更注重产业之间的互补性关系，但多元聚类方法是依赖变量特征，对直接消耗矩阵分类，获得产业间相似程度元素的方法。其结果可以用树状图表示，很容易看出集群内集群和子集之间的联系。图论分析法指利用图表理论在投入产出矩阵基础上分析产业集群间或厂商的关系，并绘制成网络形式。

三、我国陶瓷产业集群现象的识别
——基于LQ系数分析

（一）我国陶瓷产业集群现象的具体识别

产业集群是指生产同类产品的企业以及其他相关生产企业及服务业在地理位置上的高度集中。产业集群的地理位置集中、规模效应等可以促使企业之间的交易成本降低、享受知识外溢以及生产专业化等优势，进而提升企业的竞争力。同时，产业集群作为一种区域组织形态，对地区经济发展和竞争力具有重要的推动作用，目前已经成为促进地区经济和国家经济发展的重要发展模式。由于产业集群发展模式的成功以及促进经济发展的重要作用，政府、企业和学术界对相关研究极其重视，我国相关研究也取得了一些成果，但同时也存在一些未解决的问题。主要体现在产业集群的识别方面只限于主观判断上，定量方法不常使用。故本书使用识别产业集群的定量研究方法——地点系数法对我国陶瓷产业集群状况进行识别。

如前所述，LQ系数可以用来识别是否存在产业集群。产业集群主是通过在某一区域的企业通过相互合作又相互竞争的关系出口多余产品进而创造价值。地理区域上的集中可以提升企业的生产专业化，加强企业之间的合作以及公共基础设施的集中建设。该定义主要关注产业集群的三个方面：①出口导向，集群内的生产企业将产品销售到地区外来增加收入；②专业化，集群内的劳动人口集中，超过全国水平，集群地区是潜在的生产专业化区域；③规模化，相关产业在集群地区具有较大的规模，对于新兴产业即使规模还没有发展起来，但也往往高于全国水平。

LQ系数用来反映集群区域内产业的出口倾向，但是通常企业出口数据难以获得，故采用LQ代替，首先假定某地区某产业的被雇用人员数量高于该产业全国平均水平，生产的产品也更多，且高于当地人们的需求量，因此该产业就会向区域外出口多余的产品。用陶瓷行业的从业人员数表示的区位商计算公式如下：

$$LQ = \frac{\dfrac{X_{ji}}{X_i}}{\dfrac{X_{jk}}{X_k}} \qquad (6-2)$$

式中，X_{ji}表示i地区j陶瓷行业从业总人数；X_i表示i地区的人口总量；X_{jk}表示k国j陶瓷行业的总从业人数；X_k表示k国的总人口。通过计算LQ的值，可以分析区域产业分布情况。

从业人口数量来源于景德镇陶瓷大学的调查数据，数据区间为2001~2010年。我国以及各地区人口数量来源于CEIC数据库。

根据区位商理论，计算我国主要陶瓷生产地区的LQ系数，识别我国陶瓷产业的产业集群现象。2010年，我国陶瓷生产地区的区位商前十名的省份如表6-1所示。

表6-1 我国陶瓷生产地区的LQ系数计算结果

名次	省份	区位商
1	广东	4.54
2	福建	4.15
3	江西	1.77
4	山东	1.69
5	辽宁	1.67

名次	省份	区位商
6	四川	1.62
7	湖北	0.53
8	河南	0.52
9	浙江	0.52
10	湖南	0.52

　　计算结果表明，达到产业集群程度的陶瓷产区主要包括广东、福建、江西、山东、辽宁、四川6省（见表6－2和图6－1）。

表6－2　我国陶瓷生产地区的 LQ 系数

年份 省份	2001	2002	2003	2004	2005	2006	2007	2008	2009	2010
广东	5.19	4.6	4.13	4.81	5.12	5.42	5.3	5.01	4.27	4.54
福建	1.91	2.77	4.07	4.94	4.42	4.39	4.67	4.84	4.69	4.15
江西	0.55	0.53	0.80	0.50	0.61	0.65	0.78	1.21	1.33	1.77
山东	1.97	2.20	3.61	3.02	3.08	2.77	2.59	2.35	2.44	1.69
辽宁	0.17	0.12	0.12	0.3	0.41	0.48	0.51	0.97	1.49	1.67
四川	2.02	1.98	2.17	1.98	1.64	1.55	1.70	1.60	1.68	1.62

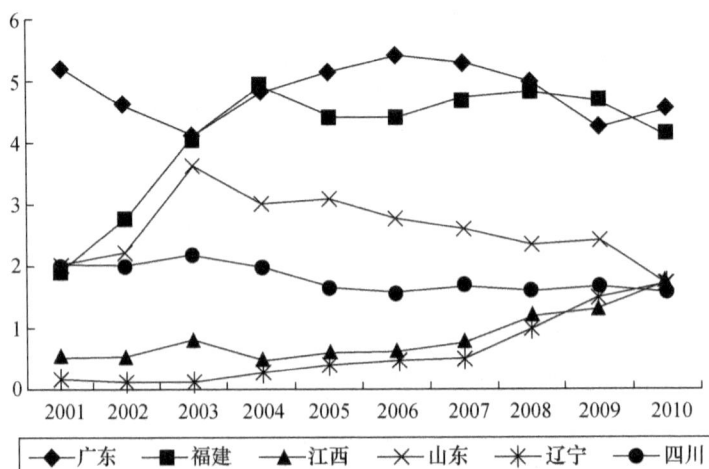

图6－1　我国陶瓷生产地区的 LQ 系数

广东佛山的陶瓷产业自从意大利引进国内第一条陶瓷生产线，其陶瓷产业即步入规模化发展的阶段。经过 30 多年的工业化生产，陶瓷产业已经成为佛山的主要支柱产业之一，并形成了以石湾为基地并以此拓展起来的"大佛山陶瓷"地域经济带，拥有高度竞争能力的企业不断涌出。佛山通过引进国外先进设备产生了近千条陶瓷生产线。正是由于形成了产业集群，市场发达，人才济济，所以佛山已成为陶瓷产业人才聚集地。

福建泉州德化县的陶瓷产区驰名中外，是我国外销瓷器的重要产地。德化瓷业往前追溯有 1000 多年的源远历史，在宋朝、元朝时期已开始进入国际瓷坛，好声誉国内外皆知。福建泉州的瓷器主要特点是造型精致、质地坚硬无瑕、色泽饱满、制作精良。此外，福建泉州还是中国"三大瓷都"之一。

景德镇是我国瓷器产业的象征和代表之一，陶瓷历史可追溯到 2000 年前，瓷器制作精美绝伦，在全球享有盛誉。随着制瓷技艺的不断沉淀，景德镇成为举世公认的瓷都。随着时间的推移，景德镇也经历了转变，陶瓷企业越来越多，规模越来越大。如景德镇景德缘陶瓷有限公司，在传统工业基础上高温色釉、粉彩轧道等工艺流程不断创新，使陶瓷制作达到新高度。

清朝末年，醴陵陶瓷开始名声在外。醴陵瓷器不仅在国内深受欢迎，漂洋过海也同样深受外国人民的喜爱。现在全市已拥有陶瓷生产企业 400 余家，形成了多元化的产品生产体系，逐步发展成为分工合理、种类繁多的陶瓷生产及出口基地。

淄博陶瓷被称为"第三代国瓷"，淄博是全国重要陶瓷产地之一。琉璃制品和陶瓷制品历史悠久，驰名中外。通过多年的建设，淄博已成为布局合理、门类齐全、技术先进的陶瓷工业基地，建有专门从事陶瓷科学技术研究的试验中心，以及培养相关人才的专业学校。从原料采集到专业生产，从科学研究到人才培养，淄博已经形成全方位的陶瓷工业生产体系。

（二）我国陶瓷产业集群现象具体识别情况的分析

结合前文可以发现，整体而言，我国陶瓷产业的集群情况呈现以下特点：一方面，我国陶瓷产业集群现状并不乐观——LQ 系数超过 1 的省份有广东、福建、江西、山东、辽宁和四川六省份。这与传统的瓷器名产地并不完全吻合，拥有瓷器名都醴陵的湖南就不在此列。另一方面，我国陶瓷产业地区发展极不均衡。产业集群较明显的几大省份，如广东和山东 LQ 系数都超过了 4，而 LQ 系数低于 1 的几大陶瓷产区都在 0.6 左右，仅为大型陶瓷产业集群产地的 1/7。长此以往，再结合陶瓷产业受路径依赖与缺乏创新特色的局限，各大主要陶瓷产地之间集群程度的差异不断拉大，在深入研究后笔者发现，各陶瓷产地之间的聚集效应差异已经反应在当地的经济发展中。

从各陶瓷产地自身发展的态势来看，产业集群作为一种重要的产业组织模式，已经得到越来越多陶瓷企业的重视，可以预见，这种态势将会持续较长时间。虽然近年来山东和福建的 LQ 系数呈下降趋势，但是其他主要陶瓷产地的 LQ 系数是增加的。因此，可以认为陶瓷产业集群模式已经越来越受企业和地方政府的认可，对本地经济的腾飞起到带动作用。

笔者在理论部分已经论述过，良好的集群状况实质上对于区域经济发展起着至关重要的作用，尤其是陶瓷产业所需资金较大，产业链条较长，对基础设施和自然环境的要求较高，以陶瓷为主要产业的地区都会形成一定程度的集群之势，并且与区域经济发展有着千丝万缕的联系。这些联系能否促进本区域产业集群与区域经济空间的良性耦合效应发挥作用的一大前提就是陶瓷产业自身的情况优劣。

毋庸置疑，我国陶瓷产业对于国民经济发展功不可没，但是深入调查和实地走访陶瓷产地之后，必须指出我国陶瓷产业整体上还面临着以下几个亟待解决的问题：

第一，品牌意识不够。大多数陶瓷企业在自身品牌方面存在经营意识不足的现象，贴牌企业占据相当部分比例。借助贴牌方法，企业产品价格可以提高，但生产的主要利润会分给贴牌企业，这使得多数企业变成某些知名企业的代产企业或者"生产车间"，这种行为是短视的，并且会影响陶瓷产业的可持续发展。多数陶瓷企业在做产品上投入大把精力，在品牌培育和运作上却不予重视。

第二，创新能力不足。纵观我国主要陶瓷产地，都或多或少存在陶瓷制造水平低下的弊端。部分企业存在重复建设情况，生产能力及生产设备差异不大、产品同质性严重。政府部门对于陶瓷产业战略布局缺乏清晰的认识和指导规划，大量的重复建设制约了企业的研发投入。此外，企业自身缺乏吸引人才—留住人才—产出人才这样完善的人才建设体系，创新型人才过少，使得产品的技术质量有待提升，创新性的产品较少，同质化现象导致产品之间恶性竞争，部分企业由于资金不足难以忍受恶性竞争，自身市场份额不断压缩。

第三，资源配置不当。我国陶瓷产业集群现状相对西方发达地区而言，确实差距较大，产业内部和上下游产业链的资源配置十分不当。原因在于，一方面，当前部分企业管理者的知识文化水平有待提高，很多管理观念不合理，用人机制也存在严重的弊端。很多地方主要的陶瓷企业还属于家族企业，或者民办企业。领导者教育水平达不到，更多的缺乏管理，在企业的长远发展规划上也不够深谋远虑，计划性不强。管理者中普遍存在"小富即安"的思想，有些企业在实现温饱以后就选择停滞不前，不再采取措施进一步提升企业发展，严重浪费资源。另一方面，政府在资源调配上办事不力。没有合理进行产业布局和合理规划，一些产学研合作基地形同虚设，一些产权中心近乎隐形等问题没有得到妥善处理，工业园区的未来规划模糊、基础设施建设重复严重，导致了资源配置不当问题，严重制约产业发展和区域经济进步。

第四，市场竞争不良。很多陶瓷产地由于缺乏良好的集群状况，整个陶瓷产业没有形成品种齐全，价位明晰的竞争性市场，更没有形成原料—制造—销售一体化的价值链。市场长期处于无序形态，陶瓷企业之间恶性竞争频现，不仅影响其自身的发展壮大，这种恶性的价格竞争往往会导致其他相关产业的衰退，包括物流行业、服务行业如特色旅游及展会等，而且很可能导致大量人员失业，区域经济倒退等不良后果。要应对这些问题，必须尽快推动陶瓷产业集群的优化。

所谓对症下药方能药到病除。从定性分析的角度，笔者解读了我国产业集群现状识别的具体情形，结合上述分析可以认为，我国陶瓷产业集群与区域经济空间的耦合是大势所趋，但是目前还存在很多因素制约陶瓷产业集群与区域经济空间的良性耦合。基于此，笔者将于下一章结合陶瓷产业的特点和具体发展情况，吸收前人理论研究的成果，设计一套较完整的评价指标，判断我国陶瓷产业集群与区域经济空间耦合的具体情况，寻找推动我国陶瓷产业集群与区域经济空间不断进步的良方。

第七章　我国陶瓷产业集群与区域经济空间综合评价

本章分别构建产业集群与区域经济空间的评价指标体系，对我国陶瓷产业集群发展情况以及陶瓷主要产区的区域经济空间状况进行综合评价。

一、评价指标体系的构建

（一）评价指标体系的构建标准

指标是衡量一个目标的标准，通过使用指标可以揭示目标的现状，使使用者容易理解并提供相应的指导。此外指标具有动态连续性，通过时间轴上的动态变化可提供一系列的量化信息。指标分为指标名称及数值两部分。名称是质的衡量，是一种科学概念；数值是名称可以反映出目标的具体数值。具体应用时，需要将指标名称及数值相结合才能全面了解研究对象的主要特征。此外，指标又分为定量客观指标以及定性主观指标。主观指标是指人们对某些客观存在的事物的主观判断，很难用客观数值来刻画。本节主要通过定量客观指标，通过具体的数值来研究对象的特征。为了更加全面的认识和了解研究对象，所有与评价目标相关的指标综合考虑形成一个指标体系。

（二）评价指标体系的构建原则

指标体系是包含一系列指标且能够综合对所研究对象进行评价的工具，其评价结果具有可量化、可比较、全面客观的特点。运用指标体系可以定量分析和计算所研究的对象，通过对比结果和评价标准，从而找出产业集聚与区域经济耦合作用过程中的问题，进而明确旅游业的未来发展规划，同时对产业集聚与区域经济耦合关系的进一步发展提供一定的指导。

研究陶瓷产业集聚与区域经济耦合关系属于一项复杂烦琐的工程，不仅产业集群与区域经济空间的关系复杂度高，而且两者的内部也存在千丝万缕的关系。在陶瓷产业集群与区域经济空间的耦合评价指标选取上，既要保证指标可以体现两者的特征，还要正确反映陶瓷产业集群与区域经济空间之间的关系。因此，筛选评价指标时需依照以下原则：

1. 科学性原则

指标体系要科学准确地提出产业集聚与区域经济两者的主要特征。选取的每个指标要保证存在客观依据，坚持实事求是，且在反应产业集聚与区域经济的发展现状时变现最优；两者之间的实质性关系上要科学系统，同时需确保指标含义明确，测定方法准确可靠。

2. 系统性原则

指标体系的内部构造需存在清晰合理的逻辑关系，层次分明，在剖析产业集聚与区域经济的耦合关系时考虑需全面系统。

3. 可操作性原则

指标在设定时需要考虑是否能够量化处理以及数据是否容易获

取。选取指标要保证可操作性强，简单客观，保证指标数据来源真实可靠。

4. 可比性原则

设定指标时需考虑指标在时间和空间上的可比较性，这样有利于对产业集聚与区域经济的耦合关系进行更深层次的研究。

5. 其他性原则

除了上述所描述的原则之外，鉴于产业集聚与区域经济的耦合关系时刻处于动态变化之中，所以在指标选择上需保证指标能够反映两者之间的动态关系，同时符合指标对阶段性及时序性方面的要求。

（三）陶瓷产业集群与区域经济空间评价指标

陶瓷产业集群与区域经济空间耦合关系的评价指标体系分为两部分：一是陶瓷产业集群的综合评价指标（代表陶瓷产业集群发展水平）；二是区域经济空间指标（代表区域经济空间综合发展水平）。在充分理解产业集群与区域经济空间耦合关系的概念后，首先通过产业规模、产出效率、集聚程度及创造能力角度对产业集群指标进行细化；其次通过区域经济空间的创新系统、经济规模、经济环境角度对区域经济空间指标进行评价；最后，通过分析地区经济发展特点、陶瓷产业发展现状以及数据的可获得性，对相关指标不断进行调整，提高陶瓷产业集群与区域经济空间耦合关系的评价指标体系适用性。这样就构造出以陶瓷为基础产业的产业集群与区域经济空间耦合的评价指标体系。

1. 陶瓷产业集群综合评价指标

随着社会经济的快速发展，经济发展状况与产业集群的发展关联性逐步增强，产业集群的重要性愈加显现，产业集群已经成为经济发展的重要推动力量，为了全面把握产业集群在经济发展中的作用，确保产业集群适应经济社会发展水平，必须从陶瓷产业集群的特点出发，科学设置指标体系框架，注重质量和数量相结合，注重产业对经济的带动作用，全面、协调、可持续发展。

从创新能力、产出能力、经济促进能力和集聚程度角度对产业集群评价指标体系进行细化，具体指标如表 7 - 1 所示。

表 7 - 1　产业集群指标评价体系

创新能力	陶瓷产业研发费用
	陶瓷产业研发费用与主营业务收入比
	陶瓷科研机构数
	陶瓷专利数
	陶瓷产业新产品产值率
产出能力	陶瓷产业总产值
	陶瓷产业利润总额
	陶瓷工业增加值
	陶瓷工业增加值率
	陶瓷出口交货率
	陶瓷产业资产报酬率
	陶瓷产业全员劳动生产率
经济促进能力	陶瓷产业人均增加值与地区人均 GDP 之比
	陶瓷产业与地区从业人员平均工资比
	陶瓷产业增加值对地区 GDP 贡献率
	陶瓷产业对地区就业贡献率
集聚程度	规模以上陶瓷企业单位数
	陶瓷产业资产总额
	陶瓷产业从业平均人数
	就业区位商
	产值区位商

2. 区域经济空间综合评价指标

从创新能力、经济规模和资源禀赋角度对区域经济空间评价指标体系进行细化，具体指标如表 7 - 2 所示。

表 7-2　区域经济空间指标评价体系

创新能力	专利申请量
	研发支出
	研发人员数
经济规模	GDP
	社会消费品零售额
	财政支出
	财政收入
	区域内居民可支配收入
	人均 GDP
	居民人均纯收入
	固定资产投资总额
	平均工资
资源禀赋	总人口数
	平均受教育年限
	普通高中在校人数

二、评价指标的标准化及权重确定

（一）指标的标准化

采用综合评价指数法对各级指标进行合成。计算方法如下：

（1）按照下面方式对三级指标进行标准化，得到三级指标 y_{ij}：

$$y_{ij} = \frac{x_{ij} - \min\limits_{1 \leqslant i \leqslant 31} x_{ij}}{\max\limits_{1 \leqslant i \leqslant 31} x_{ij} - \min\limits_{1 \leqslant i \leqslant 31} x_{ij}} \qquad (7-1)$$

式中，y_{ij}为第 i 个省份第 j 个三级指标 x_{ij} 的标准化形式，$\max\limits_{1 \leqslant i \leqslant 31} x_{ij}$ 和 $\min\limits_{1 \leqslant i \leqslant 31} x_{ij}$ 分别为 31 个省份中第 j 个三级指标的最大值和最小值。若三级指标为逆向指标，则采取标准化公式如下：

$$y_{ij} = \frac{\max\limits_{1 \leqslant i \leqslant 31} x_{ij} - x_{ij}}{\max\limits_{1 \leqslant i \leqslant 31} x_{ij} - \min\limits_{1 \leqslant i \leqslant 31} x_{ij}} \qquad (7-2)$$

（2）二级指标 z_i 由三级指标加权平均得到：

$$z_i = \sum_{j=1}^{n_i} w_{ij} y_{ij} \qquad (7-3)$$

式中，w_{ij} 为三级指标 y_{ij} 对应的权重；n_i 为相应二级指标内三级指标的个数。

（3）一级指标 Y 由二级指标加权平均得到：

$$Y = \sum_{i=1}^{n} w_i z_i \qquad (7-4)$$

式中，W_i 为二级指标的权重，n 为一级指标下二级指标的个数。

（二）评价指标权重的确定方法

权重系数的生成方法分为两种：主观赋值评价法和客观赋值评价法。主观赋值评价法通过专家以往经验进行主观判断，从而得到权数，然后再用综合评分法、层次分析法以及指标加权法等多种方法对指标进行评价。而客观赋权评价法主要是分析指标之间的相互关系来确定权数，然后利用 TOPSIS 法、神经网络分析法、主成分分析法、灰色关联分析法或者变异系数法等多种方法对指标进行综合评价。是否能够选择合理的权重，对整个评价结果产生至关重要的作用；当一个指标的权重系数发生变化时，整个评价结果也会相应改变。所以，必须做到合理、科学的确定权重赋值，这就要求我们选择最合适最贴切的确定权重的方法。

20 世纪中期，Sssty 等提出了层次分析法（Analytic Hierachy

Process，AHP)，即将定量与定性分析相结合的多目标决策分析方法，该方法在综合评价领域方面应用十分广泛。AHP通过核心定量重要性排序进而给出经验判断。AHP法建立在指标有序变动上，通过同一层次指标的重要性来逐个确定各个指标的权重，进而确定出综合评价指标。主要步骤如下：

（1）构造判断矩阵。专家首先对同一层次内指标的相对重要性进行判断，根据心理学的研究，人们区分信息等级的极限能力范围大致分为9级。在利用层次分析法来判断指标的相对重要性时，引入九分位的等级程度，如表7-3所示。

表7-3 判断矩阵的构造原则

i 相对 j 的重要性	极重要	很重要	重要	略重要	同等	略次要	次要	很次要	极次要
i 指标评价值	9	7	5	3	1	1/3	1/5	1/7	1/9
	上述比较的中间程度取值为 8，6，4，2，1/2，1/4，1/6，1/8								

根据上述判断标准构造指标的判断矩阵，判断矩阵的元素 a_{ij} 值为 i 行指标与 j 列指标的重要性程度的比较值。根据判断标准，判断矩阵为正交矩阵，因此对角线元素为1，两侧对称位置上的元素互为倒数。对 N 个指标两两比较就可以得到判断矩阵中所有元素的值，故需比较 $N(N-1)/2$ 即可。

（2）权重的计算。将判断矩阵的每一行进行几何平均，变换后的行向量就是行指标的权重向量。计算变换后判断矩阵中每一行元素的乘积，得到 $M_i = \prod_{j=1}^{N} b_{ij}$，$i = 1，\cdots，N$，对 M_i 开 N 次方得到 $\overline{W}_i = \sqrt[N]{M_i}$，对 $\overline{W}_i$ 进行标准化处理，可得到指标 i 的权重 $\overline{w}_i = \dfrac{\overline{W}_i}{\sum\limits_{i}^{N} \overline{W}_i}$。

（3）权重一致性检验。判断矩阵 A 的最大特征根 λ_{max} 对应的特征向量为 L，则 $AL = \lambda_{max} L$，判断矩阵的最大特征根 $\lambda_{max} = \dfrac{1}{N} \sum\limits_{i=1}^{N}$

$\dfrac{(AW)_i}{w_i}$。AHP 法对人们的主观判断进行量化处理和表示，逐步剔除主观判断转化为客观表示。最后得到的权重合理与否，取决于客观表示的合理程度，由于客观表示主观的复杂性和主观判断的模糊性，对判断矩阵做一致性检验就显得非常重要，一致性检验指标 $CI = \dfrac{\lambda_{\max} N}{N-1}$。

引入判断矩阵的平均随机一致性指标 RI，可以判断不同阶数的判断矩阵一致性是否合理，1~15 阶的判断矩阵的 RI 值如表 7-4 所示。

表 7-4　平均随机一致性指标值（RI）

N	1	2	3	4	5	6	7	8	9	10	11	12	13	14	15
RI	0	0	0.52	0.89	0.12	1.26	1.36	1.41	1.46	1.49	1.52	1.54	1.56	1.58	1.59

当阶数大于 2 时，如果判断矩阵一致性比 $CR = \dfrac{CI}{RI} < 0.1$，则说明判断矩阵具有的一致性是合理的，反之，则需要重新调整判断矩阵的元素值。

在社济社会和科学管理领域的系统问题分析中，人们通常面临由众多因素构成的复杂系统而非单一影响扰动下的系统，这些因素之间相互制约又相互联系，但缺少系统性的定量数据来描述。层次分析法在解决此类问题的决策及排序上则具有优势。

采用层次分析法研究相关问题存在两个主要难点：①如何从现实情况中确切的确定层次结构；②如何将定性因素更加接近实际情况地进行定量化处理。层次分析法本质上对人们的动态思维过程重新进行加工整理，然后提出更加系统、更加清晰的分析问题的方法，从而为科学决策及管理提供依据。

层次分析法同样无法避免也存在一定的局限性，主要表现在：①人们的主观因素在使用层次分析法时将产生很大影响，很多时候依赖于人们的经验判断。层次分析法最多能排除人们在思维过程中一些严重不一致的观点，但如果决策者个人思维过程中存在片面性则无法避免。②对于需要评价指标过多以及需要统计数据过多时，各个指标的权重系数不容易得到确认。因此 AHP 不算是完全的定量分析方法。

三、陶瓷产业集群与区域经济空间评价

本节考察佛山、淄博、醴陵、潮州、唐山、德化、景德镇、宜春、邯郸和夹江 10 个陶瓷产区。根据数据的可获得性，在产业集群评价指标体系中选取若干指标，通过指标对我国陶瓷产业集群进行综合评价。各指标的描述性统计结果如表 7-5 所示。

表 7-5　产业集群状况的描述性统计

指标	单位	最大值	最小值	平均值
流动资产	千元	23946944	735165	6397944
存货	千元	9743139	223238	2161994
固定资产总价	千元	21354933	734486	6500216
固定资产原价	千元	49344066	813324	11449884
资产总计	千元	51748388	1501205	14929828
所有者权益	千元	22527000	753159	7508890
外商资本	千元	1146428	0	229116.5
营业收入	千元	110000000	1632584	30251350
营业利润	千元	10376690	36459	2269428
应付职工薪酬	千元	6171823	89756	2076797
工业总产值	千元	108000000	1532983	21903323
出口交货值	千元	20028768	0	2770289
企业个数	个	524	24	154.15

由层次分析法确定权重的算法可知，先对评价指标的重要性进

行排序，确定评价指标的相对重要性，再进行两两比较，可得产业集群评价指标的判断矩阵，如表7-6所示。

表7-6 判断矩阵

	流动资产	存货	固定资产总价	固定资产原价	资产总计	所有者权益	外商资本	营业收入	营业利润	应付职工薪酬	工业总产值	出口交货值	企业个数
流动资产	1	3	1	1	1	2	3	1	2	2	1/2	2	2
存货	1/3	1	1/3	1/2	1/3	1/2	1	1/2	1/2	1/2	1/4	1	1/2
固定资产总价	1	3	1	1	1	2	3	1	2	2	1/2	3	2
固定资产原价	1	2	1	1	1	1	2	1	1	2	1/2	2	2
资产总计	1	3	1	1	1	2	2	1	1	1	1/2	2	2
所有者权益	1/2	2	1/2	1	1	1	2	1/2	1	1	1/3	2	1
外商资本	1/3	1	1/3	1/2	1/2	1/2	1	1/2	1/2	1/2	1/4	1	1/2
营业收入	1	2	1	1	1	2	2	1	1	2	1/2	2	2
营业利润	1/2	2	1/2	1	1	2	2	1	1	1	1/3	2	1
应付职工薪酬	1/2	2	1/2	2	1	1	2	1/2	1	1	1/3	1	1
工业总产值	2	4	2	2	2	3	4	2	3	3	1	3	3
出口交货值	1/2	1	1/3	1/2	1/2	1/2	1	1/2	1/2	1	1/3	1	1/2
企业个数	1/2	2	1/2	1/2	1/2	1	2	1/2	1	1	1/3	2	1

根据层次分析法对权重确定的讨论，经过计算，由判断矩阵可以得到各评价指标的权重，权重结果如表7-7所示。

表7-7 产业集群指标的权重值

流动资产	权重
存货	0.10
固定资产总价	0.04
固定资产原价	0.10
资产总计	0.08
所有者权益	0.08
外商资本	0.06

续表

流动资产	权重
营业收入	0.04
营业利润	0.09
应付职工薪酬	0.07
工业总产值	0.06
出口交货值	0.17
企业个数	0.04
流动资产	0.06

最后得到的权重合理与否，取决于客观表示的合理程度，一致性检验可以判断指标权重设置的合理性，避免各指标的权重互相冲突。经过一致性性检验，检验结果如表7-8所示。

表7-8　指标权重的一致性评价结果

最大特征值	CI	RI	CR
13.38	0.03	1.56	0.02

根据一致性检验结果，判断矩阵存在一致性，可以确定权重。对各主要陶瓷产业集群的综合评价结果如表7-9所示，从中可以看出，佛山、淄博、醴陵一直是陶瓷产业集群发展的前三甲。由于全球经济放缓、陶瓷需求疲软的影响，各地区陶瓷产业集群能力呈下降态势。

表7-9　产业集群评价结果

排名	地区	2011 年	地区	2012 年	地区	2013 年
1	佛山	0.776	佛山	0.710	佛山	0.657
2	淄博	0.751	淄博	0.592	淄博	0.512
3	醴陵	0.442	醴陵	0.236	醴陵	0.218
4	潮州	0.424	潮州	0.218	潮州	0.208
5	唐山	0.198	宜春	0.160	宜春	0.175
6	德化	0.153	唐山	0.101	唐山	0.089

续表

排名	地区	2011 年	地区	2012 年	地区	2013 年
7	景德镇	0.136	景德镇	0.073	德化	0.081
8	宜春	0.128	德化	0.072	景德镇	0.054
9	邯郸	0.088	夹江	0.035	夹江	0.029
10	夹江	0.040	邯郸	0.015	邯郸	0.002

区域经济空间的评价指标主要包括财政支出、财政收入、国内生产总值、固定资产投资、常住人口数、高中在校人数和人均 GDP 7 个变量。变量的描述性统计如表 7 - 10 所示。

表 7 - 10　区域经济空间的描述性统计

指标名称	单位	最大值	最小值	平均值
财政收入	百万元	50119.22	341.19	14296.21
财政支出	百万元	52501.19	980.09	21129.5
国内生产总值	百万元	744.16	56.47	304.7772
固定资产投资	百万元	414624.1	4285.73	123626.9
常住人口数	千人	9349	278.5	3866.711
高中在校人数	千人	476	10.62	192.9261
人均 GDP	元	101617	24168.85	52916.78

在书所考察的城市中包含地级市和县级市，因此在区域经济空间指标中，县级市在数值上远远低于其他城市。为确保数据的可比性，需要对各数据指标采取无量纲化处理。区域空间指标之间的重要性可由判断矩阵得出，如表 7 - 11 所示。在区域经济空间的评价中，人均 GDP 的重要性程度最大，其次是国内生产总值、财政收入等。

表 7 - 11　区域经济空间指标的判断矩阵

	财政收入	财政支出	国内生产总值	固定资产投资	常住人口数	高中在校人数	人均 GDP
财政收入	1	1	1	1	2	2	1/2
财政支出	1	1	1	1	1	1	1/2

续表

	财政收入	财政支出	国内生产总值	固定资产投资	常住人口数	高中在校人数	人均GDP
国内生产总值	1	1	1	1	2	2	1/2
固定资产投资	1	1	1	1	1	2	1/3
常住人口数	1/2	1	1/2	1	1	1	1/4
高中在校人数	1/2	1	1/2	1/2	1	1	1/4
人均GDP	2	2	2	3	4	4	1

根据各指标的重要性不同，通过判断矩阵可以计算出各个区域经济空间评价指标的权重大小，由表 7 - 12 可以看出人均 GDP 的权重最大，达到 0.21，高中在校人数的权重最小，只有 0.05。

表 7 - 12 区域经济空间指标权重

指标	权重
工资总额	0.10
平均工资	0.19
财政收入	0.10
财政支出	0.09
国内生产总值	0.10
固定资产投资	0.089
常住人口数	0.061
高中在校人数	0.05
人均GDP	0.21

为了使所设指标权重具有一致性，进行一致性检验，结果如表 7 - 13 所示。一致性检验结果显示 CI = 0.009 < 0.1，权重结果具有一致性。

表 7 - 13 一致性检验结果

最大特征值	CI	RI	CR
9.1	0.01	1.46	0.009

针对我国主要陶瓷产业的区域经济发展状况进行综合评价（见表 7 - 14）。评价结果显示，经济发展呈现良好的发展态势，其中佛山、唐山、淄博在 9 个陶瓷产区中经济发展情况最好。

表 7 - 14　区域经济空间评价结果

排名	地区	2011 年	地区	2012 年	地区	2013 年	地区	2014 年
1	佛山	0.72	佛山	0.78	佛山	0.84	佛山	0.91
2	唐山	0.66	唐山	0.73	唐山	0.77	唐山	0.80
3	淄博	0.49	淄博	0.55	淄博	0.60	淄博	0.64
4	邯郸	0.41	邯郸	0.46	邯郸	0.45	邯郸	0.49
5	醴陵	0.13	醴陵	0.17	醴陵	0.20	醴陵	0.23
6	景德镇	0.12	景德镇	0.14	景德镇	0.16	景德镇	0.19
7	德化	0.09	德化	0.11	德化	0.15	德化	0.17
8	潮州	0.08	潮州	0.10	潮州	0.11	潮州	0.12
9	夹江	0.02	夹江	0.03	夹江	0.05	夹江	0.05

第八章 陶瓷产业集群与区域经济空间的耦合关系实证分析

第七章我们分别构造了产业集群与区域经济空间的综合评价指标体系，针对我国主要陶瓷产区的产业集群状况、经济发展状况进行综合评价。本章主要从产业集群与区域经济空间的耦合角度来实证分析我国陶瓷产业集群与区域经济空间的耦合协调发展状况。

一、 构建耦合模型

在陶瓷产业集群与区域经济空间耦合评价指标体系的构造基础上，本节将从耦合动态变化的角度，进一步构造陶瓷产业集群与区域经济空间耦合度模型以及耦合协调度模型，以此来判断我国陶瓷产业集群与区域经济发展的耦合关系。

（一）陶瓷产业集群与区域经济空间耦合度模型

我们用变异系数（或者称离散系数）来确定陶瓷产业集群与区域经济之间的耦合程度，采用该系数的原因在于：其一是它可以较好地反映两组数据的离散程度或者变异程度；其二是它适用于比较具有不同量纲指标数据之间的变异程度。对于含义存在差异的数据，由于量纲的约束，仅把关注点放在数值比较上是毫无意义的，而离散系数不受量纲的约束，因此采用它来比较单位不同数值的变异程度最合适。考虑到陶瓷产业集群和区域经济空间属于两个完全不同的系统，各项指标的量纲也大为不同，本书使用变异系数来表示产业集群的耦合度。变异系数结果越大，表示产业集群与区域经济空间两个系统的协调程度越低。

构建陶瓷产业集群综合评价函数如下：

$$F(x) = \sum_{i=1}^{m} a_i x_i \qquad (8-1)$$

式中，i 为陶瓷产业集群特征的指标个数；a_i 为标权重；x_i 为陶瓷产业集群中第 i 个指标的标准化值。

所以，由陶瓷产业集群综合评价函数中获取陶瓷产业集群综合指数，若产业集群综合指数越高，则表明陶瓷产业集群状况越好；反之也成立。

构建区域经济空间的综合评价函数如下：

$$F(y) = \sum_{i=1}^{m} b_i y_i \qquad (8-2)$$

式中，m 为区域经济空间系统指标的总数；b_i 为区域经济空间第 i 个指标的权重；y_i 为第 i 个描述区域经济空间特征的指标标准化值。

因此，由区域经济空间综合评价函数可以得到区域经济空间综合指数，如果区域经济空间综合指数越高，则可以看出区域经济发展水平越高；反之也成立。

$F(X)$ 与 $F(Y)$ 的离差越小，表现越好，本书用离差系数 I' 来表示，即

$$I' = \frac{2S}{F(x)+F(y)} = 2\sqrt{1 - \frac{F(x)F(y)}{\left[\frac{F(x)+F(y)}{2}\right]^2}} \qquad (8-3)$$

式中，S 为 $F(X)$ 与 $F(Y)$ 的协方差。

要想得到 I' 的极小值，需要让 $\dfrac{F(x)F(y)}{\left[\dfrac{F(x)+F(y)}{2}\right]^2}$ 取极大值。这样

可以得到区域经济空间耦合度接和陶瓷产业集群的公式如下：

$$I=\left[\frac{F(x)F(y)}{\left[\dfrac{F(x)+F(y)}{2}\right]^2}\right]^k \qquad (8-4)$$

式中，I 为耦合度；k 为调节系数。

通常情况下，k 取值在 2 和 5 之间，本书为了容易区分，将 k 值设定为 5。

从模型公式中可以看出，耦合度 I 定量地反映陶瓷产业集群与区域经济空间耦合程度，I 取值在 0 与 1 之间，I 越大，说明产业集群与区域经济空间之间的耦合关系越强；相反，I 值越小，则表明产业集群与区域经济空间的耦合关系越弱。

当 $I=0$ 时，耦合程度为零，即陶瓷产业集群与区域经济空间不存在任何的耦合关系，整个系统处于无序混乱的状态；当 $0<I<0.3$ 时，说明区域经济空间和陶瓷产业集群的耦合程度较低，此时，陶瓷产业集群处于起步阶段，区域经济呈现明显的二元结构特征，将逐渐暴露出区域经济发展不平衡的弊端；当 $0.3<I<0.5$ 时，陶瓷产业集群与区域经济空间的发展大致处于相互阻抑的状态，此时陶瓷产业一般处于初级发展阶段，逐步对区域经济产生影响，只有在人口、资源、信息等作支撑的前提下才能促进集群的进一步发展，区域经济表现形式为三元结构特征，集群在其影响下进入快速成长期，因而在区域经济决策中，集群经济效应就占领统治地位；当 $0.5<I<0.8$ 时，区域经济与陶瓷产业集群开始进行磨合，通过进一步发展呈现良性耦合关系，这个阶段的陶瓷产业集群的发展状态基本

稳定，波动不大，而此时的区域经济发展大多表现为多核心结构；当 $0.8 < I < 1$ 时，陶瓷产业集群发展已经达到成熟阶段，陶瓷产业集群都将得以提高，区域经济的竞争力由其集群水平决定，陶瓷产业集群与区域经济的关系正在不断向高水平耦合阶段发展，互相影响共同促进；当 $I = 1$ 时，耦合程度达到最大值，陶瓷产业集群与区域经济空间达到良性的共振耦合，整个耦合系统不断走向更高层次的有序结构，当然，政府政策等出现变动导致不可控因素，也可能导致陶瓷产业集群和区域经济空间的耦合程度发生变化。

（二）耦合协调度模型

耦合协调度是衡量陶瓷产业集群与区域经济空间关系的一项重要指标，两种关系之间的耦合度可以反映它们之间互相促进、共同发展的程度。这对于更好地促进两者的共同协调发展，提高双方的可持续发展能力都具有至关重要的作用。但是很多情况下，仅仅依靠耦合度也不能够完全反映出区域经济空间和陶瓷产业集群的相互关系，至于两者的发展水平是处于低水平的协调，还是高水平的协调，这一点就难以判断了。

为了更加全面地分析陶瓷产业集群与区域经济空间之间的耦合关系目前处于高水平的协调还是低水平的协调，可建立更精确的两者耦合协调度模型：

$$R = \sqrt{I \times P} \qquad\qquad (8-5)$$

式中，R 表示耦合协调度；I 表示前文的耦合度；p 则是陶瓷产业集群与区域经济空间的综合评价函数的集权平均，即

$$P = \alpha F(x) + \beta F(y) \qquad\qquad (8-6)$$

式中，α 为陶瓷产业集群水平权重；β 为区域经济空间发展水平权重。可以根据陶瓷产业集群与区域经济空间的重要性设定 α 与 β

的值，本书取 $\alpha = \beta = 0.5$。

比较之前的耦合度模型，耦合协调度模型除了结合陶瓷产业集群与区域经济空间耦合度 I 之外，还需综合考虑两者目前所处的发展水平的高低，因此该模型既可用于区域之间的横向对比，还可用于某个区域内陶瓷产业集群与区域经济空间耦合的动态演化。总之，新建立的耦合协调度模型在稳定性、适用性以及操作性等方面表现更好。

通过数学知识可以证明，$F(x)$、$F(y)$、R 的值均处于 0 与 1 区间。如果耦合协调度 R 越高，则表明陶瓷产业集群与区域经济空间之间的关系越协调，反之，两者之间的关系愈加恶劣、愈加不协调。

耦合协调度表示的是陶瓷产业集群与区域经济空间协调发展的程度，其取值范围是 $D \in [0, 1]$。当 $D = 0$ 时，说明陶瓷产业集群与区域经济空间之间并不存在相互关系；当 $D = 1$ 时，说明陶瓷产业集群与区域经济空间之间的协调程度达到最优协调状态。此时两者之间发展水平均较高，真正实现了合作共赢的局面。

二、陶瓷产业集群与区域经济 空间耦合关系分析

在第七章我们已经对主要陶瓷产区的产业集群和区域经济空间进行综合评价，并计算出产业集群与区域经济空间综合评价指数。所以，利用耦合度公式可以计算出产业集群与区域经济空间耦合度。耦合结果如表 8 - 1 所示。

表 8-1　陶瓷产业集群与区域经济空间耦合度结果

年份	2011	2012	2013
唐山	0.18	0.01	0.01
邯郸	0.07	0.00	0.00
景德镇	0.97	0.57	0.23
淄博	0.80	0.99	0.97
佛山	0.99	0.99	0.93
潮州	0.05	0.45	0.59
德化	0.71	0.77	0.66
醴陵	0.16	0.87	0.99
夹江	0.35	1.00	0.76

利用产业集群与区域经济空间耦合协调度公式，可以计算出来耦合协调度，结果如表 8-2 所示。

表 8-2　陶瓷产业集群与区域经济空间耦合协调度结果

年份	2011	2012	2013
唐山	0.28	0.08	0.06
邯郸	0.13	0.00	0.00
景德镇	0.35	0.25	0.16
淄博	0.71	0.75	0.73
佛山	0.86	0.86	0.83
潮州	0.11	0.26	0.31
德化	0.29	0.27	0.27
醴陵	0.21	0.42	0.46
夹江	0.10	0.18	0.17

第九章　结论与政策建议

一、主要结论

耦合是一个较复杂的概念，产业集群与区域经济空间的耦合作用形式与作用范围设计有多种组织形式，包含多方面的内容。通常，耦合机制主要通过以下几个层面发挥作用：一是集群特征与区域空间的结构性耦合；二是集群演化与区域发展的动态耦合；三是集群技术进步与区域创新的技术性耦合；四是集群系统与区域网络之间的横向联系性耦合。可见，产业集群与区域经济发展之间存在着千丝万缕的联系，深入研究集群与区域发展二者之间相互作用的深层驱动因子，可有针对性地采取措施及时应对经济增长与产业机构化调整过程中面临的种种难题。

产业集群与区域经济二者相辅相成，一方面，区域经济增长取决于生产技术的进步和工作效率的提升，而产业集群会带来技术上的突破，专业协作的应用则大大提高了生产效率。因此，可以认为产业集群是促进经济进步的战略性举措。另一方面，产业集群的完善也必须依托区域经济空间结构，需要经济空间提供载体和支撑。区域经济的发展水平反映了产业集群发展的资本保障。强大的经济实力会给产业集群提供其他区域无法给予的资本，使产业集群的发展获得资金保障，提升产业集群竞争力。

根据区位商理论，可计算我国主要陶瓷生产地区的 LQ 系数，可识别我国陶瓷产业的产业集群现象。计算结果表明，我国形成陶瓷产业集群的省份为广东、福建、江西、山东、辽宁、四川。

为准确地对我国各大陶瓷产业集群与区域经济发展的协调程度及发展现状做出综合评价，笔者建立了量化的评价体系，用赋值的方式做出评价。结果显示，产业集群发展较好的陶瓷产区为佛山、淄博和醴陵；区域经济发展较好的前三名陶瓷产区为佛山、唐山和淄博。

在对产业集群与区域经济空间做出评价的基础上，为了解耦合协调度，本书建立了分析模型，结合检验的结果可以判定目前我国陶瓷产业集群发展较协调的产区有淄博和佛山。有必要深入分析这两个地区的先进经验，结合各产区的实际状况，有针对性地提高本区产业与区域经济的耦合协调性。

二、促进陶瓷产业集群与区域经济空间耦合的政策建议

陶瓷是我国文化宝库中极具代表性和价值的产物，是民族精神的象征。对于以陶瓷产业为支柱产业的地区，如江西景德镇、广东佛山、福建德化等地而言，陶瓷产业积累了丰富的生产经验，培养了大批能工巧匠，一度成为本区的核心生产力，为当地居民提供了大量就业机会，激发了当地创新活力。然而，近年来，经济增长速度不断放缓，产业结构亟须做出调整。陶瓷产业发展面临着严峻的

内外环境。一方面，国外越来越多国家异军突起，生产出品种丰富、质量较好且价格适中的特色瓷器，不但挤占了大量国际市场份额，还带走了一部分国内需求。另一方面，环保意识的提升对陶瓷产业的制作工艺提出了更高的要求。陶瓷产业有明显的资源依赖性，因而原料方面的要求较严格，再加上人力成本不断上升，造成企业生产成本大幅增加。对外竞争日益剧烈，对内成本不断增加，如何提高陶瓷产业的竞争实力，促进区域协调发展，是政府、企业乃至个人都十分关心的问题。基于此，笔者结合前人的研究成果和实地调研，尝试提出以下具有操作性的政策建议。

（一）　区域经济协调发展与加强陶瓷产业集群的战略规划

改善陶瓷产业集群的创新环境，加速产业集群的发展壮大，规划编制产业集群是一个重要条件。市场机制的调节影响产业集群的发展，但产业集群也同样依赖政府的调节。依据不同地区的发展特点、产业布局、区位优势以及产业组织规律，政府会因此做出调整，制定更有利于陶瓷产业集群发展的战略规划。规划离不开市场，从产业链到产业群再到产业基地的发展模式，利用市场调节，政府适度干预，从而建立协作良好的分工网络，并与全球价值链衔接。规划最主要的还是要适应市场，在规划上政府只起辅助作用，在区域之间以及区域内部起到协调作用。其实政府更应该在一些市场无法解决的方面发挥作用，如环境治理、生态保护、提供公共产品等。对于重大工业项目的实施建设不能独立，要与教育、物流、研发等同时进行，增强关联性，提高整体功能。开发建设大型园区也一样，要同时考虑引入教育培训，物流配送等设施，实现成本低、效率高、产业配套。开发重点产业带，仅仅依赖原来产业单一规划的发展模式远远不够，要加大科研力度，搞好基础设施，完善配套服务，将服务业渗透每一环节，实现环境共建、信息资源共享。

（二）优化陶瓷产业集群与区域经济协调发展环境

1. 促进市场化改革，加速区域市场环境优化

陶瓷产业集群形成的基础条件是优良的市场环境和制度环境，形成合适的制度环境刻不容缓。健全的市场机制能够促进陶瓷产业集群的技术与知识外溢，形成显著的扎堆效益，对区域经济与产业集群的协调发展也有一定的促进作用。因此要想实现两者协调发展，完善健全市场机制（规章制度、监管体系、政策法规）是首要任务。同时也要兼顾要素市场的丰富与发展，市场环境的建立与完善，使要素资源能够有效流动，市场环境呈现竞争有序的现象。实施相关政策鼓励企业积极加入国际市场竞争，在竞争中提升自身能力。同时地方政府支持发展中介服务机构，及时地为集群企业提供有效信息，鼓励创建区域品牌，提升知名度，从而推进经济发展。

2. 优化区域环境文化，加速区域经济发展

陶瓷产业集群的技术创新、科学发展都依赖区域文化环境，因此实现陶瓷产业集群与区域经济发展同步伐，首先要发扬勇于进取，敢于冒险的精神。既要有勇往直前的魄力，也要有失败不气馁的心理素质。树立创新意识，培育敢于创新、敢于竞争、敢于人先的"三敢"区域文化。其次要强化诚信意识。诚信是自古以来中华民族的传统美德，拥有诚信的美誉可以快速整合资源与信息，使成本与风险都得以降低。在这个无论陶瓷集群之间，抑或区域之间竞争不断的社会，诚信理念的培养显得至关重要。最后要崇尚合作、鼓励竞争。无论是陶瓷产业集群，还是区域经济的发展都离不开创新。协调好合作与竞争的关系是创新实现的首要步骤，在竞争中合作、在合作中竞争。构建区域环境文化不是一朝一夕可以实现的，舆论

支持、有力宣传都是成功的必要元素，同时也需要制度的保障以及政府的支持。

3. 优化区域政策环境

同样，陶瓷产业集群与区域经济发展同步化离不开区域政策。当地政府部门应对陶瓷产业集群加强重视，来实现区域经济振兴与陶瓷产业集群的快速发展。优化区域政策环境，科学制定政府政策，政府加大对陶瓷产业集群支持力度，落实并执行保障政策，监督政府政策对陶瓷产业集群的作用成效，及时评价，并根据区域经济发展方向的变动，调整当地政府的相关规章制度。

（三） 提升产业集群自主创新能力

1. 科技计划指引陶瓷产业集群的自主创新

科技发展的指导方针和基本途径的规定是科技计划，它主要是规划大范围、大规模和长期的科学技术事业的目标、方向和重大决策。在科技发展战略目标的引导下，政府为解决未来发展过程中的科技问题，增强科技的竞争力，因而提出的关于开发、产业化活动以及研究的部署计划也被称为科技计划。科技计划的内容包含高新技术产业计划，科技发展平台建设计划，科技支撑计划以及一些重大专项等。区域科技创新的重要力量就是陶瓷产业集群，因此政府应该制定、完善相关政策和科技计划支持产业集群的发展，优化配置创新科技的资源，提高创新水平，提升陶瓷产业集群的自主创新能力。

2. 扩大区域陶瓷产业集群的网络建设

从陶瓷产业集群的实际情况出发，建立并完善创新网络，促进区域经济的可持续发展。应国内外陶瓷市场竞争和市场需要，区域陶瓷产业集群的创新网络的建立是大势所趋，将集群中的优势产业作为核心，科研高校作为智力与科技支撑，以中介服务为纽带，体现区域陶瓷产业集群特色，优化创新环境，从而形成高效的创新网络体制。建设陶瓷产业集群的创新网络应做好如下几点：

（1）落实企业创新的战略地位。陶瓷产业集群须增强学习与自主创新意识，积极汲取周边相关产业的优点，积累知识，提高集成能力，掌握益于陶瓷产业集群经济发展的核心技术产业，努力实现科技技术的跨越式进步。建设完善创新网络要注意发挥优势产业的"领头羊"模范带头作用，让其成为创新发展的主力军，引领其他产业的创新进步。

（2）充分利用高校和科研院所优势科技资源。知识的源头就是科研院校与各大高校，对于拥有高校和科研院所的区域，应当充分利用这一优势，加强与高校、科研院所的合作意识，注重沟通与交流，充分利用与本产业息息相关的科技资源。

（3）建立和完善科技中介服务体系。加大力度培育建设更多与国际接轨的科技中介机构，为本地区的技术支持、推广、贸易以及评价评估等提供信息支持服务，同时为中小企业提供人才、技术以及孵化高科技产品的咨询服务，使得技术创新进程加速。

3. 建设资源平台和加强科技产业化

集群创新成果产生和转移的基础是科技产业化，建设资源平台是指建设与完善大学科技园区、高新区、工程技术中心和科技企业孵化器等地区的服务功能以及环境设施条件。在科技产业化建设要加强建设科技企业孵化器，主要是发展一些依托科技园区或者专业产业集群的专业化的技术孵化平台。此外，要建设资源共享平台，互相学习，共同进步发展。

（四）推进陶瓷产业集群经营国际化

国际化经营就是利用国际资源，积极参加全球价值链活动，开发全球性市场，提升国际竞争力的过程。通常情况下，全球价值链的某些环节被企业集群的某些深具竞争优势的产业链条占据，经营国际化的目的是尽力将产业集群融入国际价值链，通过与其他产业的竞争获取价值链的核心地位。

实现经济全球化，积极融入全球价值链，依据全球经济结构调整来发展产业集群经济，积极主动地加入国际竞争中，不断提高区域陶瓷产业集群的国际化水准。实现全球化首先要了解国际价值链中强劲竞争对手的国际地位与战略定位，优化企业集群融入价值链的方式与方法，从而加大国际先进资源在区域的集聚力度，同时进行横向与纵向的延伸，使陶瓷产业集群在全球价值链中实现可持续发展；创造增加与国内外同类型知名企业的交流合作机会，鼓励陶瓷产业集群的龙头骨干企业与跨国公司加强合资合作，帮助中小企业和跨国公司之间建立协作共赢关系，引导优势企业与跨国公司实现战略联盟。通过发展新兴产业，使区域陶瓷产业集群的配套服务业更好地成长，实现经济的可持续发展。

众所周知，区域品牌可以提升区域产业集群的整体形象，建立良好地区域品牌形象有至关重要的作用，不仅可以增加区域陶瓷产业集群的吸引力，还能使产业集群的影响力更加广泛。通过提升产品品质，完善优良的产品服务质量来树立品牌形象；通过增大对名牌产品的投入来提升陶瓷集群的资产增值能力，在区域中使名牌产品集聚，逐步形成群体规模，从而起到带动作用，辐射整个区域达到提高知名度、强化品牌的目的；还要注重维护区域品牌，在产品质量和服务水平上严格把关，发现并消除一切可能对品牌形象产生影响的隐患，全面、系统、规范的管理才能使区域品牌优势发挥到最大。

一个集群要想在激烈的国际竞争中获胜并融入全球价值链，就必须有自己独到的优势——集群主导优势，这种优势确定其在全球价值链中产业集聚的定位。主导优势分为三类，分别是生产优势、市场优势和技术优势；区域内的产业集群可以是全球链的参与者，也可以成为某类别产品的全球价值链的发起者。拥有不同优势的陶瓷产业集群选择全球价值链的融入方式也会不同。

（五） 加速区域经济可持续发展

1. 高起点的发展模式——可持续发展

不仅要在全国的战略地位上得以充分体现，还要根据区域优势充分发挥自身的潜力以及社会资源优势。在区域陶瓷产业集群发展过程中，一些耗资少、污染少的高新技术产业应该多加选择。区域经济的发展方向主要是依赖廉价劳动力以及过分消耗资源，现在应转移到投入科技力量、转化科技成果上，同时要减少产业集群中同产业同产品的企业布局，以长远的目标、开放的眼光发展区域经济，改变发展盲目只追求短期效益的弊端。区域经济集群发展应与城市化发展同步进行，拓展推进以组织、区域、技术和制度为基础的"倒金字塔"结构，坚定不移地走可持续发展道路。

2. 区域经济发展的基础自然是生态环境，因此要重视区域生态环境（水资源、土地资源）的保护

在区域陶瓷产业集群发展过程中，要充分了解本区域的资源情况、人口数量、经济状况等，再根据不同产业的不同发展模式，选择不同的评估与监测的方法，逐步健全完善区域经济的检测与评估体系，提升区域集群应对突发性灾害的抵御能力，增强可持续发展的意识，坚定可持续发展的目标。

参考文献

[1] Alfred, M. (1890). Principles of economics.

[2] Arrow, K. (1962). Economic welfare and the allocation of resources for invention. In *The Rate and Direction of Inventive Activity*: *Economic and social factors*. Princeton University Press.

[3] Asheim, B. T. , & Coenen, L. (2005). Knowledge bases and regional innovation systems: Comparing Nordic clusters. *Research Policy*, 34 (8).

[4] Audretsch, D. B. , & Feldman, M. P. (1996). R&D Spillovers and the Geography of Innovation and Production. *The American Economic Review*, 5.

[5] Baptista, R. (2000). Do Innovations Diffuse Faster Within Geographical Clusters? . *International Journal of Industrial Organization*, 18 (3).

[6] Battista, R. and P. Swann (1998). Do Firms in Clusters Innovate More? . *Research Policy*, 27.

[7] Becattini, G. (1990). The Marshallian industrial. *Industrial Districts*, 37.

[8] Best, M. (2001). The new competitive advantage: the renewal of American industry. *OUP Catalogue*.

[9] Cooke, P. , & Schienstock, G. (2000). Structural competitiveness and learning regions. *Enterprise and Innovation Management Studies*, 1 (3).

[10] Felzensztein, C. , & Gimmon, E. (2008). Industrial Clusters and Social Networking for enhancing inter – firm cooperation: The case of natural resources – based industries in Chile. *Journal of Business Market Management*, 2 (4).

[11] Fotopoulos, G. , & Spence, N. (2001). Regional variations of firm births, deaths and growth patterns in the UK, 1980 – 1991. *Growth and Change*, 32 (2).

[12] Freeman, C. (1991). Networks of Innovators: a Synthesis of Research Issues. *Research Policy*, 20 (5).

[13] Glaeser, E. L. (2000). The New Economics of Urban and Regional Growth. *The Oxford Handbook of Economic Geography*.

[14] Krugman, P. R. (1991). *Geography and Trade*. MIT press.

[15] Lorenzen, M. (2001). Ties, Trust, and Trade: Elements of a Theory of Coordination in Industrial Clusters. *International Studies of Management & Organization*.

[16] Morosini, P. (2004). Industrial Clusters, Knowledge Integration and Performance. *World Development*, 32 (2).

[17] Ottaviano, G. , & Thisse, J. F. (2004). Agglomeration and Economic Geography. *Handbook of Regional and Urban Economics*, 4.

[18] Porter, M. E. (1990). The Competitive Advantage of Notions. *Harvard Business Review*, (12).

[19] Putnam, R. D. (1993). The Prosperous Community. *The A-*

merican Prospect, 4（13），35 – 42.

［20］Sabel，C.，& Piore，M.（1984）．The Second Industrial Divide. *Nova Iorque*：*Basic Books*.

［21］Saxenian，A.（1996）．*Regional Advantage*. Harvard University Press.

［22］Schmitz，H.（1995）．Collective Efficiency：Growth Path for Small – scale Industry. *The Journal of Development Studies*，31（4）．

［23］Tallman，S.，Jenkins，M.，Henry，N.，& Pinch，S.（2004）．Knowledge，Clusters，and Competitive Advantage. *Academy of Management Review*，29（2）．

［24］Vatne，E.，& Taylor，M.（Eds.）．（2000）．*The Networked Firm in A Global World*：*Small Firms In New Environments*. Ashgate.

［25］Weber，A.（1929）．Theory of the Location of Industries ［translated by CJ Friedrich from Weber's 1909 book］．

［26］陈晓峰，邢建国．集群内外耦合治理与地方产业集群升级——基于家纺产业集群的例证［J］．当代财经，2013（1）．

［27］陈怡．基于产业集群的"北流陶瓷"区域品牌建设研究［D］．广西大学，2008.

［28］成伟，王安正．基于产业集群知识网络的研究［J］．全国商情．经济理论研究，2006（8）．

［29］崔功豪，武进．中国城市边缘区空间结构特征及其发展——以南京等城市为例［J］．地理学报，1990（4）．

［30］方法林，金丽娇，张岳军．基于齿轮模型的旅游产业与区域经济耦合协调度研究——以长三角城市群为例［J］．南京师大学报（自然科学版），2013，36（2）．

[31] 冯云廷. 城市聚集经济 [M]，大连：东北财经大学出版社，2001.

[32] 符正平. 中小企业集群生成机制研究 [M]. 广州：中山大学出版社，2004.

[33] 盖文启，朱华晟. 产业的柔性集聚及其区域竞争力[J]. 经济理论与经济管理，2001（10）.

[34] 霍影. 战略性新兴产业、传统产业与区域经济空间协调发展度研究——基于三子系统耦合系统的分析框架 [J]. 情报杂志，2012（12）.

[35] 李广志，李同升，孙文文，王武科. 产业集群的识别与选择分析——基于陕西省产业集群的研究 [J]. 人文地理，2007（6）.

[36] 李剑力. 地方政府在产业集群发展中的职能定位及应注意的问题[J]. 学习论坛，2006（1）.

[37] 李凯，李世杰. 我国产业集群分类的研究综述与进一步探讨 [J]. 当代财经，2005（12）.

[38] 李凯，李世杰. 装备制造业集群耦合结构：一个产业集群研究的新视角 [J]. 中国工业经济，2005（2）.

[39] 梁小萌. 规模经济和产业集聚及区域协调——"入世"后我国产业竞争优势的培育 [J]. 改革与战略，2000（5）.

[40] 林涛. 我国产业集群概念辨析 [A]. 中国地理学会，中山大学，中国科学院地理科学与资源研究所. 中国地理学会2004年学术年会暨海峡两岸地理学术研讨会论文摘要集 [C]. 中国地理学会，中山大学，中国科学院地理科学与资源研究所，2004.

[41] 刘纯彬，李海飞. 产业集群的本质特征与效率基础[J]. 经济评论，2006（4）.

［42］陆立军，郑小碧．基于共同演化的专业市场与产业集群互动机理研究：理论与实证［J］．中国软科学，2011（6）．

［43］马中东．基于分工视角的产业集群形成与演进机理研究［EB/OL］．http：//www．fabiao．net/archiver/tid－1515770．html．

［44］仇保兴．中小企业集群研究［M］，上海：复旦大学出版社，1999．

［45］仇保兴．发展小企业集群要避免的陷阱——过度竞争所致的"柠檬市场"［J］．北京大学学报（哲学社会科学版），1999（1）．

［46］王秉安．区域竞争力研究述评［J］．福建行政学院福建经济管理干部学院学报，2003（4）．

［47］王步芳．世界各大主流经济学派产业集群理论综述［J］．外国经济与管理，2004（1）．

［48］王缉慈．地方产业群战略［J］．中国工业经济，2002（3）．

［49］王今．产业集聚的识别理论与方法研究［J］．经济地理，2005（1）．

［50］王琦，陈才．产业集群与区域经济空间的耦合度分析［J］．地理科学，2008，28（2）．

［51］王恰．产业集群与区域经济空间的耦合度解析［J］．中国商贸，2013（14）．

［52］魏江．小企业集群创新网络的知识溢出效应分析［J］．科研管理，2003，24（4）．

［53］吴勤堂．产业集群与区域经济发展耦合机理分析［J］．管理世界，2004（2）．

［54］许水平．景德镇陶瓷产业集群研究［D］．武汉大

学，2005.

　　［55］杨小凯，张永生．新兴古典发展经济学导论［J］．经济研究，1999（7）．

　　［56］叶建亮．知识溢出与企业集群［J］．经济科学，2001（3）．

　　［57］曾菊新．试论空间经济结构［J］．华中师范大学学报（哲学社会科学版），1996（2）．

　　［58］张洪潮，赵丽洁．产业集群与区域经济耦合效应的评价［J］．统计与决策，2013（5）．

　　［59］张辉．产业集群竞争力的内在经济机理［J］．中国软科学，2003（1）．

　　［60］赵欣．佛山陶瓷产业发展的研究［D］．对外经济贸易大学，2006.

　　［61］赵子越，王怡．旅游产业集聚与区域经济耦合关系研究［J］．湖南商学院学报，2014（3）．

　　［62］支华．景德镇陶瓷产业集群优化研究［D］．南昌大学，2007.

　　［63］周伯源．全球价值链视角下的陶瓷产业集群升级研究［D］．中南大学，2008.